JN075001

プロフェッショナル投手育成メソッド

一流選手へ導く "投球メカニズムとトレーニング"

工藤公康

KANZEN

はじめに

1年でも長い野球人生を歩むために、時間をかけて反復練習を学び続けることで必ず体は答えてくれる

「野球を続けてくれてありがとう！」

「もっと上手くなろうとしてくれてありがとう！」

　この本を手に取っていただいた皆さんに、まずは感謝の気持ちをお伝えしたいです。

　そんな皆さんに少しでも、野球が上手になるための一助となってくれることを願い、この本を書きました。

　この本に書いた私の思いは、

「1年でも長く野球をしてもらいたい！」

　その一心です。

　そのためにはどんな考えが必要で、どんなトレーニングをするべきなのか。そのノウハウを『投手マニュアル』としてまとめ、監督時代にも現場で活用してきました。このマニュアルは、実際に現場の選手たちのために考えたものであり、技術向上・パフォーマンス向上に役立ててもらうことが目的でもあります。

野球の基本とは何か？

野球の技術とは何か？

技術を身に付けるために、何が必要となり、何を学ばなければいけないのか。

私なりに追い求め、試し、実践の中で得てきたことを書いています。野球の理論や考え方はさまざまで、何を信じて、何を取り組めばいいのか、わからなくなる方もいらっしゃるでしょう。

まずは、"知ること"から始めていただけたらと思っています。

知ることで興味が湧き、実践しようと考え、その実践から、また次のヒントを得ることができます。難しく考える必要はないのです。

投手というのは、投げることでしか身に付かない技術や感覚があります。

その技術や感覚、プロとしての技というのも、反復練習でしか身に付かない。これは私が大切にしている考えであり、この本の中にも書かせていただいています。そのために、筋力や体力が必要になるのです。投手としての技術が向上し、コントロールや投球フォームの再現性を高めれば、皆さんが納得のいくような結果になると信じていますし、時間をかけて取り組み、学び続けることで必ず体は答えてくれます。最初は少しずつで構いません。回数を重ね、動きや意味を理解しながら行ってほしいと思います。

ボールは投げませんが、シャドーピッチングも非常に大切な練習です。体をひとつひとつのパーツに分けて、下半身だけの動きの練習、体幹だけを意識した動きづくり、そして腕の使い方の練習を、鏡を見ながら行っていくことで、動きを身に付け、今度はその中の2つを意識して

連動させる。下半身と体幹、体幹と腕の動き、その２つができたら、次は腕の使い方を含めた３つを意識しながらシャドーピッチングを行う。

　これを繰り返し反復することで、３つが連動できるようになり、"力"で投げることではなく、"楽をして遠くにボールを投げる"ことができるようになると思っています。

　うまくいかないときは、もう一度読み返してみてください。気が付かなかったことに気が付くかも知れません。

　今回この本の対象を、18歳以上としたのは、強い負荷にも耐える体になってからという思いからです。まだ「骨端線」とも言われる成長軟骨が残っていたり、成長が止まっていない人はできれば、強い負荷のトレーニングは避けていただきたい。野球というスポーツは特に、肩やヒジに対して大きな負荷がかかります。成長期の骨に、過剰な負荷やストレスがかかってしまうことで、骨の変形をはじめとしたケガのリスクも上がってしまい、今後の野球人生にも影響を与えてしまう恐れもあります。自分の体、時期、タイミングなどを十分考慮したうえで、実践していただきたいと思います。

　18歳以上のプロ用として書いたマニュアルなので、中にはわからない言葉や筋肉の名前などもあるかもしれません。そういったときはぜひ、自分でも調べて学ぶようにしてください。

　その学びの中からも、きっとヒントがあり、「なるほど！」と思えるひらめきもあると考えています。

　そしてこの本は、すべてを網羅しているわけではありません。他の方法や考え方も当然あるでしょう。そんな中で、私が現役のときに考えていたことや実践してきたこと、監督のときに選手に伝えていたことを、できるだけわかりやすく解説したつもりです。

　読み終わった後、「よし今日からやってみよう！」と少しでもそんな
気持ちになっていただけたら嬉しいです。

2023年2月　工藤公康

Contents

投手に必要な
３つの柱

プロの世界で長く活躍していくには、「リズム」「バランス」「タイミング」の習得が必須。この３本柱を手に入れることで再現性が高まる。

投手に必要な3つの柱

■■■■ リズム・バランス・タイミング

『投手マニュアル』の表紙をめくった1ページ目、ここに投手として
もっとも大事にすべき「3つの柱」を記している（図1-1）。

①リズム（図1-2）

②バランス（図1-3）

③タイミング（図1-4）

第1章では、この3本柱が必要な理由から解説していきたい。
「横向きの並進運動の時間を長く取る」「踏み込み足の着地がブレない」
など、ひとつの局面を切り取れば大事な要素はいくつもあるが、これら
の動きを流れの中で行ってこそ、意味が生まれてくる。

よく耳にする投手の指導法に「軸足でしっかりと立ちましょう」があ
る。たしかに立つことは大事であるが、そこだけに意識が向きすぎて、
次の並進運動につながらなければ何の意味もなさい。ピタッと止まって
しまえば、リズムは生まれにくい。ひとつひとつの形にこだわるよりも
前に、ピッチングフォームを一連の流れとして捉えることが重要だ。

一連の「リズム」の中で、それぞれの動きの「バランス」を養い、下
半身と上半身の動きの「タイミング」を合わせることによって、リリー
スの瞬間にボールに力を伝えることができる。言い換えれば、一定の
「リズム」ができれば、「バランス」が良くなり、その結果として「タイ
ミング」が合う。どれかひとつでも狂いが生じれば、最後のリリースが

ブレてしまうのは当然のことだ。

　コントロールが不安定な投手は、リリースポイントもバラバラであることが多い。18.44メートル先のストライクゾーンを狙うことを考えると、リリースのわずかなずれが、ゴールでは大きなずれにつながることは容易に想像がつくだろう。

　一定のリズムを体に染み込ませていくことで、ピッチングフォームにおける"再現性"が高くなり、50球投げても100球投げても、同じところでボールを離せるようになっていく。その結果、コントロールが安定する。これこそが、投手が求める技術であり、"自動化"と表現してもいいだろう。最終的に、この3つのポイントを身に付けたうえで、投球の"感覚"を養っていくことが、技術を習得していくうえで大切だと私は考えている。

　18歳でプロ入りしたとき、最初に驚いたのが、東尾修さんのまさに"針の穴を通す"コントロールだった。ゆったりとしたフォームで、軽く投げているように見えるボールが、キャッチャーの構えたところにビシビシと決まる。アウトコースに際どいボールを投げたあと、「今のボール？　半分外れている？」とキャッチャーに確認すると、次の球では、ボール半個分、ストライクゾーンに入れてくる。

　しかも、ストレートも変化球も、同じリズム、同じバランス、同じタイミングで投じていた。「ボールを自在に操る」という表現が、ピタリと合う。それを生み出していたのが、安定した下半身である。1球ごとに同じ場所に踏み出され、ブレがない。「このレベルに達しなければ、プロで長く活躍することはできない」。プロに入った最初に、一流投手のレベルを見ることができたのは、私にとって大きな財産となった。

　そこから長年にわたって学び続け、理想のフォームにたどり着けるまで考え続け、研究し続けた結果が、関節の動きであったり、並進運動や重力、てこの原理などをうまく利用することだった。

図1-1

投手に必要な3つの柱

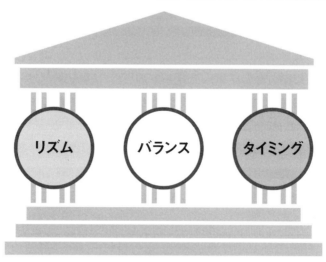

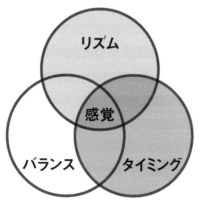

**リズム・バランス・タイミングを身に付け、
最終的に自分の投球の"感覚"を養っていくことも大切と考える**

|

リリース・コントロール・再現性・下半身からの運動連鎖・
力の抜き方や出し方など

投手にとってもっとも大事にすべきなのが、①リズム②バランス③タイミングの「3本の柱」になる

図1-2

投手に必要な３つの柱①〜リズム〜

一連の動作を投球リズムとして身に付ける

自分の投球リズムを身に付けることで
動きの変化に気付きやすくなる
どこの動きがおかしいのか？どこを修正すれば良いのか？

リズムとして体に覚え込ませることで……

動きの再現性が高まる

ブルペンでもマウンドでもどこでも
自分のリズムで投球することで**微調整や修正が効きやすい**

図1-3

投手に必要な3つの柱②〜バランス〜

一連のリズムの中で
それぞれの動きのバランスを鍛える・身に付ける

ひとつひとつの動作におけるバランス

軸足で立ったとき・並進運動の動き

踏み込み足が地面に着いてからボールリリースまでの動き

フォロースルーまでの動きなど

重心のブレをなくし、それぞれの動作での筋肉の使い方や

動きや体のバランス（力の向きや方向など）を

理解し自分の投球におけるバランスを身に付ける

一連のリズムの中でその感覚を養う

図1-4

投手に必要な3つの柱③〜タイミング〜

下半身の動きと上半身の動き
リリースまでのタイミングを合わせる

上半身の動きと下半身の動きの
タイミングが合うことで
腕を上げてくる時間の確保につながる

足を上げて踏み込むまでの時間
その中で腕を上げてくるタイミング
踏み込んでからリリースまでの腕の動き
リリースで一番力が伝わる体の動き・タイミングを養う

常に力を入れ続けるのではなく
動きにメリハリをつけ、力発揮のタイミングを身に付ける

力の抜きどころと入れどころ

■■■ 力を抜くことで力が入る

　この一連の流れは、小学生にもプロ野球選手にも当てはまる。子ども
たちに向けた野球教室でも、ソフトバンクの投手陣に向けても、「リズ
ム・バランス・タイミング」の重要性は同じように伝えてきた。

　プロの世界で結果を残している投手は、足を上げてからリリースまで
の動きがスムーズで無駄がない。余計な力みや、余計な動きが入ってい
ない選手は長く現役を続けている。

　私が横浜から西武に移籍した際、西武のエース格として活躍していた
ときの岸孝之投手（楽天）は、動きがなめらかで美しく、理想的なフォー
ムをしていた。腕の振りの強さ以上に、打者の手元で伸びるストレート
を投げられる投手は、総じて、理想的な体の使い方をしていることが多
い。

　表現を変えれば、「力の抜きどころと入れどころがわかっている」と
考えることができる。動きがぎくしゃくしている投手は、ずっと力が入
りっぱなしで、力を抜くタイミングを掴めていない。「速い球を投げた
い」と思うあまりに、どうしても力いっぱい投げようとする投手が多い
が、人間の体の構造を考えると、力を抜くからこそ、力を発揮すること
ができる。

　ボールを投げる動作を考えたときに、肩から手首にかけて思い切り力
を入れていたら、各関節（肩、ヒジ、手首）の動きに制限がかかり、ボー

ルに強い回転をかけることができない。肩から先がほどよくリラックスしているので、肩関節、肘関節、手首関節と力が伝わっていき、最後に手首がムチのようにしなる。上半身に頼って力いっぱい投げようとすると、この力の伝わりが途切れやすくなってしまう。

　これは、ピッチングに限った話ではない。バレエやダンスをイメージしてもらえば、わかりやすいだろう。観客を魅了するバレリーナやダンサーは、動きがしなやかで美しい。

　もっとわかりやすく例えるのなら、子どもの頃によく遊んだ「ケンケンパ」や「なわとび」もそのひとつ。片足でケンケンしたあとに、パッと両足を開いて着地する。ケンケンのたびに動きが止まってしまえば、バランスが崩れ、パッのタイミングもずれる。片足でケンケンするには頭の位置が重要で、頭が前や横方向に傾いていたら、バランスが崩れて、うまくケンケンができないだろう。そもそも、全身に力が入ってしまっていたら、片足でリズムよく跳ぶことができない。なわとびも、リズムやバランスが崩れると、連続で跳ぶことが難しくなる。

　これは、走ることにもつながるが、体が空中に浮いているときには、力をほどよく抜いているからこそ、次の着地で地面に力を加えることができる。運動神経に優れた人は、無意識の中でやっていることが多い。

　運動全般において、「リズム・バランス・タイミング」は必要不可欠な要素であり、この大基本があってこそ、細部の動きにこだわる意味が出てくる。第2章以降で細かい技術的なポイントを解説していくが、あくまでも3本柱のうえに成り立っていることを忘れないでいてほしい。

リズムピッチングのす〻め

■■■ 疲れてきた中で「力を抜く感覚」を養う

　では、投球の中で「リズム・バランス・タイミング」を掴むにはどうしたらいいか。

　私が現役時代にずっと実践していたのが、ブルペンでの「リズムピッチング」だ。

　1球投げたらすぐにプレートに戻り、キャッチャーからの返球を受け取り、足を上げて、ボールを投げる。大事なのは、動作を止めないことだ。このリズムでまずは50球。一旦休んで、再び50球。10割の力感で投げる必要はないので、6〜8割程度でいい。そして、狙ったところに投げ続ける。コントロールが乱れていたら、フォームもブレていると考えていい。春季キャンプのときに、このやり方でフォームのリズムを体内に染み込ませていた。

　と、簡単に書いているが、おそらく、やりなれていない投手がすれば10〜20球でヘトヘトになる。私自身も最初は数をこなすことはできなかった。リズムが崩れることで、体のバランスが崩れ、リリースのタイミングがずれる。当然、コントロールも乱れることになる。そもそもの体力がないこと、力んで投げているために余計な筋力を使ってしまっていることなど、いくつかの原因が考えられる。

　こうして、リズムにフォーカスを当てていくと、動きの変化を感じて修正しやすくなる。たとえば、前足を上げる動作ひとつとっても、人そ

れぞれのリズムがあり、疲労の影響で足の上がり具合が悪ければ、その時点でいつもとは違うリズムになる。私自身は、自分のリズムで投球することで動きの再現性が高まるとともに、微調整や修正が効きやすいと感じていた。

　ソフトバンクの投手陣に伝えていたのは、「リズムとバランスが取れなくなってきたら終わりでいいから、できるところまで投げ続けてみなさい」。はじめは5球でもいい。一定のリズム、バランス、タイミングで投げられるように反復する。何度も繰り返していくうちに、筋力に頼った投げ方では投げ続けられないことに気付いてくる。ここからが、本当の学びと言っていい。そこで必要になる技術が、下半身から上半身への運動連鎖だ。上体の力だけに頼らずに、股関節を基点とした下半身の力をどれだけ使えるか。

　思い返してみれば、私が若いころは春季キャンプで1日200球も300球も投げ込むことが当たり前だった。力だけで投げていたら、絶対に無理。ある程度の球数を投げたところから、余計な力みが抜けてきて、勝手に腕が振られる感覚が出てくる。ボールを投げるコツは、ボールを投げなければ覚えられない。体が未発達の子どもたちに球数を多く投げることは勧めないが、投げることで覚えることができる技術や感覚もある。全力で投球し続ければ、当然ケガや故障につながる。いかに肩やヒジに負担をかけずに投球できるか、そういった体の使い方や投球技術を養う意味でも、"投球"を習得するとはどういうことなのか、考えてみてもいいのかもしれない。

追い求める究極のピッチング

■ ネクストサークルを見ながら投げる

「リズム・バランス・タイミング」を突き詰めていく中で、私自身、最高のピッチングができたと自負しているのが1999年だ。福岡ダイエーホークスでプレーした最後の年に11勝7敗、防御率2.38の成績で、最優秀防御率のタイトルを受賞することができた。

　何が最高だったかというと、打者に投球しながらも、ネクストサークルにいる次打者の動きが見えていたことだ。踏み出し足の着地のタイミングや、素振りの軌道から、「カーブを狙っているな」「ストレートだけに張っているな」ということがわかる。後にも先にも、この感覚で投げられたのは1999年の1シーズンだけだった。

　なぜ、こんなことができたのか——。

　それは、投球フォームのリズムが体に染み込んでいたからだ。体が勝手に動いてくれる。「軸足の股関節に力を溜めて」といったことをわざわざ意識しなくても、無意識で体が動く。アウトローであれば、そこに投げるメカニックが完成されていたのだ。

　たとえば、右打者のインコースに投げるのであれば、セットに入った際に右肩と右腰をインコースに向けておく。アウトコースであれば、右肩と右腰を外に向ける。といっても、ほんの数ミリの違いなので、打者が気付くレベルの話ではない。高低の投げ分けは、右肩のわずかな上げ下げで調整していた。右肩を下げれば、必然的に目線も下がる。

写真：産経新聞社

長い現役生活を通して、「最高のピッチング」を体現できたと自負しているのがダイエー時代の1999
年だ

究極を言えば、目でミットを見ていなくても、そこにボールがいく。この状態になれば、周りを見る余裕が生まれるため、ネクストの動きにまで目を配ることができた。

　投手の心理として、「ここは大事な1球。アウトローにしっかりと投げなきゃいけない」と思えば思うほど、筋肉が緊張して、投げミスが起こりやすい。緊張する場面でも思いどおりに体を動かすには、練習の段階から一定のリズムで投げる感覚を養っていかなければならない。

　また、不調になればなるほど、フォームの確認に時間を費やして、改善点を見つけようとする。軸足でバランスよく立てていなかったり、体重移動の際に頭が早くキャッチャー方向に倒れていたり、その課題はさまざまだ。問題なのは、悪いところを直そうとして、一部分だけを過剰に意識して、「リズム・バランス・タイミング」が崩れていくことにある。状態が良いときは、何も考えずに投げている。それだけ、"自動化"できているのだ。だからこそ、意識する箇所を少しでも減らすために、自分の動きに適したリズムを体に染み込ませていく必要がある。

足場を見ればバランスがわかる

■ マウンドをきれいに使う

　リズムピッチングでも、ブルペンでの投球でも、特に意識していたのがマウンド上に残る足の跡だ。踏み出し足が、常に同じ場所に着地しているか。1球ごとにずれていたら、リリースポイントもずれることにな

る。

　読売ジャイアンツで投げていたときに、後輩の投手から「どうして、工藤さんは同じところに足が着くんですか?」と聞かれたことがあった。私からすると、当たり前の感覚であった。同じところに着くからこそ、18.44メートル先の狙ったところに投げることができる。踏み出し足には方向性を決める役割があり、この位置がずれれば、コントロールは当然乱れる。

　といっても、何も最初からできたわけではない。プロ入り当初、西武ライオンズの先輩やコーチによく言われたことがある。

「お前はマウンドの使い方が汚ねぇな」

　どういう意味かわかるだろうか。マウンドは、プレートに乗せる軸足、踏み込んだ前足、投げ終わったあとに着く軸足と、3カ所に穴が掘れる。東尾修さんのようにコントロールが良い投手は、この3カ所にきれいに穴ができているのに対して、フォームがバラバラな投手は踏み出す前足の位置が1球1球ずれるなど、マウンドが汚くなっているのだ。すなわち、着地の跡がいくつもある。

　ぜひ、読者の皆さんも、マウンドの足場を確認してみてほしい。投げ終わったときには、踏み出した前足だけで数秒立てるぐらいのバランスが理想となる。立てないようであれば、そこに至るまでの体の使い方に何らかの問題があると考えていいだろう。

　試合のマウンドに上がったときには、相手投手が作った足場が気になった。いろいろな場所が掘れていると、「頼むから、もっときれいに使ってくれよ……」と思ったものだ。

　投手の中には、そもそもステップ幅をさほど気にしていない選手もいる。半歩大きく出ようとも、たいして気に留めていない。私は6歩から6歩半の中間あたりに線を引いて、「ここから前には出ないように」と意識を持っていた。前に踏み出してしまうときは、どこかの動きが崩れ

ている証拠となる。私の場合は、軸足の股関節に乗る時間が短いとき
に、ステップ幅が広くなりやすかった。ステップの位置を見ることで、
フォームのバランスを知ることができる。「フォームを知るヒントは足
元にある」と考えておくといいだろう。

究極のピッチングは「骨で投げる」

■■■ ヒジは自然に上がるもの

「骨で投げる」

　プロ入り後、筋肉や関節の勉強をするようになってから、目指した
ピッチングフォームである。体の構造を理解して、正しく骨を使うこと
ができれば、各関節は自然に動く。それを、筋肉で無理やり動かそうと
すると、体のどこかに負担がかかり、ケガのリスクが生まれやすい。過
度に筋肉を使う分、疲労が溜まりやすく、長いイニングを投げるのも難
しくなる。

　たとえば、肩関節は可動範囲が大きい「球関節」に分類される。球関
節の特徴は、きっかけを与えることによって円を描くように動いてくれ
るところだ。投手指導の中で「ヒジを上げなさい」という教えを聞く
が、重たいボールを持った利き手を下にポンと回すように落とせば、そ
の重みがきっかけとなって、ヒジは自然に上がっていく。すなわち、ヒ
ジは自らの筋肉で「上げる」のではなく、自然に「上がる」。ラジオ体
操で腕を回す運動をする際に、おそらく誰も腕やヒジを「上げよう」と

は思わないはずだ。腕を回せば、ヒジは自然に上がる。こうした関節の特徴を理解しておくことが、「骨で投げる」につながっていく。

　股関節も、肩関節と同じ球関節である。前足を上げる際に、少し回しながら上げたほうが、スムーズに動きやすい。スムーズに動ける＝余計な筋肉を使っていないことになり、バランスを取りながら、リリースまで持っていくことができる。

　もっと前段階の話をすると、正しい姿勢を取れていなければ、各関節は正常に働きにくくなる。

　背中を丸めて猫背で立っていると、僧帽筋が緊張して、肩関節がスムーズに動かない状態になる。その結果、ヒジが上がりにくいフォームになりかねない。猫背で立つのが当たり前になると、それが楽なポジションとして体が認識してしまい、正しい姿勢に戻すのがまた難しくなる。携帯ゲームやスマートフォンに時間を費やしていると、どうしても、手元に目線を落とすので背中が丸まっていきやすい。

　姿勢の崩れが、投球フォームに悪影響を及ぼす可能性があることを、知っておいたほうがいいだろう。本気で、「プロで戦いたい」と思っているのであれば、なおさらである。日々の生活が、野球のパフォーマンスにまでつながっていく。ゲームや動画を見るなと言っているわけではない。同じ姿勢でい続けてしまうことで起こるリスクも頭に入れ、時折、姿勢を正したり、軽い体操を入れるなど体をリセットさせ、正しい姿勢に戻すことを考えるといいだろう。

トップのタイミングを合わせる

■■■ 縄跳びシャドウのすゝめ

投球フォームを紐解くと、下半身の並進運動と回旋運動に連動して、利き腕がトップにまで上がり、リリースでボールに力を加えることができる。よく、「リリースの瞬間に力を込める」という言葉を聞くが、それは最終的なゴールを切り取ったものであり、それまでの過程があってこその話になる。並進運動の時間が短ければ、腕がトップに上がるまでの時間を作り出せず、ヒジが上がり切らずに投げることになってしまう。

上と下の動きを合わせ、さらに利き腕をトップに持っていくタイミングを養うのにおすすめなのが、縄跳びを使ったシャドウピッチングだ。実際にソフトバンクの練習にも取り入れていた。

なわとびを結んで、丸い輪のほうに人差し指と中指を引っかける。ここから、シャドウピッチングのイメージでなわとびを振る。頭の後ろで小さな円を描き（右投手は"逆の"の字が描かれる）、リリースからフォロースルーにかけて大きな円を描けていたら、タイミングが合っていることになる。

並進運動が不十分で、回旋運動が早く始まる投手は、頭の後ろで円を描く前に腕を振ってしまう。つまりは、トップに入る前に回転運動が始まってしまうことになる。これでは、動きの順番（運動連鎖）が変わってしまい、腕の力に頼った投球になってしまう恐れがある。

　ソフトバンクでは、日々のコンディションを確認する意味でも使って
いた。体が万全のときは、なわとびを上手に振ることができるが、下半
身に疲労が溜まることなどでフォームが崩れてくると、どうしても回旋
運動のタイミングが早くなり、胸が正面（捕手方向）に向きやすくなる。
こうなると、頭の後ろで小さな円を描きづらいのだ。

　なお、普段の指導の中で「トップ（ヒジが肩のラインまで上がり、ヒジの角度
が約90度）を作りなさい」という言葉は使わないようにしていた。腕を
回すことができれば、ヒジは自然に上がってくるからだ。並進運動と回
旋運動のタイミングがかみ合うことで、利き腕はトップの位置を通過す
る。意図的に、自らの力でトップ作ろうとすると、筋力を使って投げる
ことになってしまう。

リリース感覚は投げることで覚える

■■■ キャッチボールから意識を高める

　下半身から上半身への運動連鎖がうまくいったとしても、指先でボー
ルに力を伝えられなければ、スピンが効いたボールを投げることはでき
ない。最後のリリースの感覚は、実際にボールを投げることで身に付け
ていくしかない。

　さきほどの縄跳びも含めて、シャドウピッチングでどれだけ正しい動
きができていたとしても、いざボールを持つと動きが変わる投手が非常
に多い。投手の本能として、「ボールを投げる」という意識が加わるこ

とによって、動きが変わってくるのだ。さらに、「狙ったところに投げ込む」という制限がかかることで、シャドウピッチングとはまた違う感覚が生まれやすい。

　私が提唱しているのが、シャドウピッチングのあとに必ずボールを投げることだ。10割の力で投げる必要はないので、シャドウピッチングで磨いた感覚を、実際の投球でも確認してみる。その際、フォームを確認できる鏡を置いて、ボールを持ったときと持っていないときの動きをすり合わせてみるといいだろう。

　私がプロに入った頃のように、２００球も３００球も投げ続けたのは、リリース感覚を身に付ける狙いがあった。どれだけ理論が頭に入っていようとも、それがピッチングにつながっていなければ何の意味もない。とにかく、投げる。投げて覚える。反復練習でなければ、身に付かない技術が必ずある。

　なぜなら、反復することでしか、脳から筋肉への神経回路を作ることはできないからだ。動きを何度も繰り返すことによって、脳から神経細胞に伝達するシナプスが変化し、効率化していく。はじめは意識しなければできなかったことが、無意識、かつスムーズに動けるようになっていく。結果的に、動作の安定化をもたらすことになる。

　少し専門的な話になるが、脳の中に、意図的な筋力発揮や動きのコントロール、動作パターンの理解・記憶を司る大脳皮質運動野がある。反復練習を繰り返すと、「大脳皮質運動野の興奮性が増大し、増大したものほど、翌日以降に学習効果を維持する」という内容の研究が報告されている。反復練習や、継続していくことによって必要な動きが自分の身体に落とし込まれ、身に付いていく、ということだ。

■■■ 反復練習のために必要な体力

　そのためには、投げるための体力が必要になる。だから、プロの世界
では練習に耐えられるだけの強い体が絶対的に必要になってくるのだ。
トレーニングに関しては、第3章で解説しているので、ぜひ参考にして
ほしい。

　しかしながら、今まで体を鍛えてこなかった投手に、いきなりブルペ
ンで２００球、３００球もの投げ込みを求めたら、体が悲鳴を上げてし
まうだろう。だから、そこまでのことは求めない。それでも、投げて覚
えることは毎日のキャッチボールでも身に付けられることだ。キャッチ
ボールの１球１球に高い意識を持って、取り組んでいるだろうか。肩慣
らし程度にしか思っていなければ、それはもったいないことだ。

　10メートル、20メートル、30メートル、40メートル……と、距離が
遠くなっていく中でも、一定のリズムで、狙ったところに投げていく。
そのときに、足場を見ることも忘れずに。踏み出し足の着地が、前後左
右にずれてはいないだろうか。足場をきれいに使ってこそ、ムダのない
フォームに近付くことができる。

　と、言葉だけ見ると、その難しさが伝わらないかもしれないが、「狙っ
たところに投げる」ということは、プロのレベルでも難しい。「20メー
トルの距離で10球連続、相手の胸に投げる」というテーマを設けたと
き、どれほどの投手がクリアできるか。おそらくは、ほんの一握りであ
ろう。これが、20球連続となると、リズムやバランスが崩れていき、さ
らに難易度が上がる。プレッシャーがかからないキャッチボールであっ
ても、再現性を高めて、同じフォームで投げ続けることは、体への負荷
が強いのだ。

■■■ 短い距離でリリース感覚を養う

　私自身の高校時代を振り返ったとき、コントロールを身に付けるためにもっとも効果があったのが、短い距離でのピッチング練習だ。あとから振り返ってみると、リズム・バランス・タイミングが無意識のうちに磨かれたように思う。

　きっかけは、2年秋の東海大会で四死球や暴投を連発して、自分のせいでセンバツ甲子園を逃したことにある。「このままではいけない」と思ったところから、コントロールを本気で考えるようになった。

　つながりがあったソフトボールの指導者に相談したところ、「離れた距離で投げられないなら、近付いて投げろよ。10球連続投げられたら、そこから下がればいいだろう」とアドバイスをもらった。正直すぐにできると思ったが、これが難しい。10メートルの距離でも、10球連続で思ったところに投げることができない。ただストライクを放るだけでなく、アウトロー、インロー、アウトハイ、インハイに10球ずつ。途中で挫けそうになりながら、クリアするのに4カ月以上かかった。それが終わったら、ステップ幅の分だけ後ろに下がって、また10球連続で狙う。

　10割の力感で投げる必要はなく、というよりも、多いときは500球近く投げるので、全力で投げるのは無理だ。投げながら、力を抜く感覚も身に付いたような気がする。3年生に上がる春には18.44メートルの距離で、楽にストライクが取れるようになった。当初は小さく見えていたがキャッチャーミットが、大きく見えるようになり、「いつでもストライクを取れる」という感覚にまで達していた。

　反復練習によって感覚を養い、脳から筋肉への神経回路を作ることができた事例と言える。もちろん、高校時代の私にはそんな難しいことはわからないが、感覚的に、「この練習でコントロールが良くなる」と信じて取り組み続けていた。

写真：産経新聞社

リリースの感覚はキャッチボールの段階から高い意識を持つことで養える

第 **2** 章

ピッチングに
おける運動連鎖

投球フォームのカギを握るのが「運動連鎖」。下半身
から上半身へ、動きが連鎖していくことで、大きな
エネルギーを作り出せる。

ピッチングにおける運動連鎖

■■■ 下半身から上半身にかけての連鎖がカギ

　この第2章では、一連の投球フォームの流れを詳しく解説していきたい。

　「リズム・バランス・タイミング」を実践するためには、どのような体の使い方が必要になっていくのか。キーワードとなるのが「運動連鎖」だ。文字通り、鎖のように連なり続けること。ひとつひとつの運動が連鎖していくことによって、より大きなエネルギーを生み出すことができる。

　右ページの図2-1を見てほしい。これは、プロ野球選手AとBの投球フォームを分析し、それぞれの部位の動きの速度をグラフ化したものである。

　このグラフから伝えたいのは、「下半身から上半身へのスムーズな運動連鎖がいかに大事か」ということだ。Aの場合はそれぞれの動きの速さがピークに達するときに、次の動きが連鎖的に引き起こされ、最終的には指先にまで力が伝わっていく。Bの場合、それぞれの動きの速さのピークを過ぎてから次の部位の動きが起こっている。これでは力のロスが大きく、後述もするが最終的に上半身を必要以上に使って力を生み出さなければならない。AとBの違いを具体的に解説すると、次のような連鎖が起きている。

図2-1

投手フォームにおける部位別の速度比較

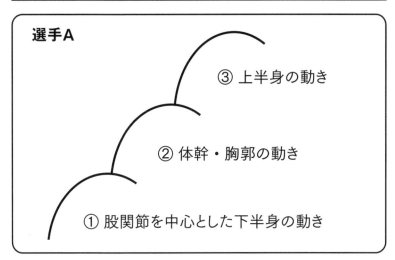

選手A

③ 上半身の動き

② 体幹・胸郭の動き

① 股関節を中心とした下半身の動き

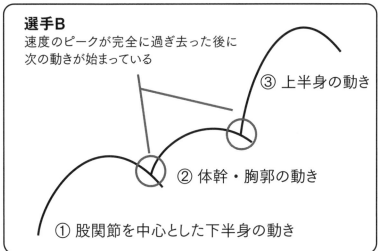

選手B
速度のピークが完全に過ぎ去った後に
次の動きが始まっている

③ 上半身の動き

② 体幹・胸郭の動き

① 股関節を中心とした下半身の動き

選手Aが下半身、体幹・胸郭、上半身をバランスよく、スムーズに使っているのに対し、選手Bは①の下半身の動きで速度は出ているものの、ピークを過ぎてから次のフェーズである体幹と胸郭の動き出しが起こっている。並進運動の力を生かすことができないこともあって、体幹・胸郭の速度も遅く（弱く）なり、最終的に上半身に頼った投球をしていることがわかる

①股関節を中心とした下半身の動き

Ａ＝下肢で骨盤を前方（捕手方向）に押し出すことで、骨盤中心に並進速度が増加

Ｂ＝股関節・骨盤を中心とした下半身の並進速度は速いが、ピークを完全に過ぎてから次の動き（骨盤から体幹の回旋）となっている

②体幹・胸郭の動き

Ａ＝踏み込み足が接地し、骨盤の並進運動にストップがかかると、その並進運動の勢いが回旋の力に変換され、体幹から上半身にかけての動きの速度が増加

Ｂ＝並進運動の勢いが回旋の力に変換されない→下半身と上半身のねじれが弱くなり、体幹から上肢にかけての速度も不十分となる

③上半身の動き

Ａ＝回旋の力から最終的に胸の張りや体のしなりにつながり、腕がムチのように使われることで、リリース時の腕の動きがもっとも速くなる

Ｂ＝これまでの動きの不足分を、上半身（腕）の動きでカバーすることになり、「下半身が使えず、腕に頼った投げ方」になりやすい。上半身にかかる負担が大きくなるため、投球障害のリスクも高くなりやすい

■ "ぐにゃ" と投げる

　私自身のピッチングの感覚を言葉で表すとしたら、「"ぐにゃ"と投げる」。下半身から体幹、上半身にかけて、"ぐにゃぐにゃぐにゃ"と運動連鎖が起こることによって、最後にムチのように腕が振られる。自分の力で振ろうとしているのではなく、勝手に振られていく。①②③と3つの局面があることから、私が研究に参加した際に、「三段式ロケット投

法」と命名されていた。

　決して、楽な投げ方ではない。下半身で踏ん張って、前の肩の開きを
我慢して、体幹のねじれとともに腕が振られる。体の回旋にともなっ
て、最後に腕が振られるため、打者にとっては見えづらく、打ちづらい
ボールになる。

　野手のスローイングとの大きな違いは、半身での並進運動の時間が長
く、胸が開くのが遅いことだ。投げることだけを考えたら、胸を相手に
早く見せて、ヒジから先を使ったスナップスローのほうが楽だろう。し
かし、楽な投げ方をしていては、打者を抑えることはできない。投手に
は、投手ならではの技術が求められるのだ。いわば、「特殊技能」と言っ
てもいい。そこを追い求めてこそ、一流投手に近づくことができる。

投球フォームを
３つのフェーズから考える

■■■ カギを握る股関節の働き

　では、投手Ａと、もう一方の投手Ｂの動きの違いは、何によって生
まれているのか。フェーズを３つにわけて、考えてみたい。

＜フェーズ１＞ （図2-2）
股関節を中心とした下半身の動き
（ワインドアップから踏み込み足の接地まで）
　求める動き①下半身主導で捕手方向への並進運動で勢いをつける

求める動き②軸足の蹴りを含めた股関節（内転筋）をしっかりと使う

図2-2

グラフにおける
ひとつ目の山の動き

③ 上半身の動き

② 体幹・胸郭の動き

① 股関節を中心とした
　 下半身の動き

下半身主導で捕手方向への並進運動で勢いをつける
軸足の蹴りを含めた股関節（内転筋）をしっかりと使う

【横向きの移動時間を長く取る】

　図2-2のグラフで見ると、最初の①の山となる。いわば、投球フォームのスタート地点だ。スタートでスムーズに動くことができなければ、当然、ゴール（リリース）の動きは乱れていく。

　フェーズ１の狙いは、横向きの並進運動の時間を作り、勢いを生み出すことにある。ベルトのバックルを、右投手であれば三塁側、左投手であれば一塁側にどれだけ長く向けたまま、並進運動ができるかどうか。自分の歩幅の中で、この横向きの時間（加速）をつくることで捕手方向への移動のスピードが上がり、踏み出し足が着地したあとに起きる回旋運動のスピードも増していく。

　並進運動の最中にバックルが捕手方向を向き始めてしまうと、踏み込み足が着地する前に回旋運動が始まっていることになり、骨盤の角速度が遅くなる。結果として、回旋運動のスピードが鈍り、運動連鎖がうまくつながっていかない。

【ヒップファーストの重要性】

　並進運動を実践するための第一のポイントが、軸足で立ってから並進運動に移る際のヒップファーストの姿勢になる。投手をやっている人であれば、きっと一度は指導を受けたことがあるだろう。横から見たときに、「くの字」を作るイメージを持ち、お尻から捕手方向に出ていき並進運動に入るようにする。

　ヒップファーストによって、運動連鎖の動き出しのきっかけを作り出すことができ、下半身の動きに先導されて、上半身の動きが付いていくイメージを持ちやすくなる。いわゆる、「下半身主導のフォーム」と呼ばれるものだ。

　私が意識していたのは、ユニホームのキャッチャー側のポケットを捕手方向にできるだけ長く向けておくこと。そのまま捕手方向に移動していけば、体が倒れるのを防ぐために、上げた足は必ず下りてくる。上げた足を使って、自分で勢いを生み出そうとする必要はまったくない。

【プレートとマウンドを有効活用する】

　投手は、「マウンド」という山の上に立っている（ルール上は、高さ25.4センチと定められている）。この山を生かさない手はない。高いところから低いところに下りていけば、ジェットコースターのように勢いが生まれ、これが並進運動のスピードにつながる。物理的に考えると、自らの力で頑張って勢いを生み出すよりも、高さと重力を活用して、身を任せたほうがスピードは出やすいはずだ。

　私が工夫していたのは、プレートの踏み方である。走者がいないときは、プレートの前縁に足裏の左半分だけを乗せていた。半分だけ乗せておくことで、軸足一本で立ったあと、捕手方向に自然に倒れていくようになる。プレートの踏み方ひとつで、並進運動の“きっかけ”を作り出すことができる。

　ただし、走者が出塁して、セットポジションになったときには、プレートの前に置いた。けん制やクイックモーションを考えると、並進運動に入るタイミングを自分でコントロールしたほうが、走者と打者の両方をケアできたからだ。プレートの使い方は、「これが絶対に正しい」と言えるものはないので、自らの考えに合ったものを見つけ出してほしい。

【軸足の内転筋を使う】

　ヒップファーストを作ってから、踏み出し足が着地するまでの間に、どれだけ横向きの時間を保てるか。ここでのポイントが、軸足の内転筋（内ももの部分）にある。内転筋は、主に股関節を内側に締める役割を持つ筋肉だ。「ボールを投げたい」と思うと、野球選手の本能として、顔や胸が正面に向きやすくなるのだが、軸足に乗る意識を持つことで（軸足の内転筋を使って）、その開きを我慢する。ももの内側を捕手に長く見せる意識をもって体重移動を行っていく（図2-3）。

　内転筋が使えていれば、踏み出し足が接地したときに股関節の内旋運動が使え、いわゆる「軸足の粘り」を発揮しやすくなる。足首が返るのを遅らせることができ、下半身からの運動連鎖を体幹や上半身により伝えやすくなる利点がある。

　もっと細かく言えば、決して内転筋だけを使っているわけではない。内転筋やハムストリング、大殿筋・中殿筋・大腿四頭筋などがバランスよく機能しながら並進運動を行うことで、股関節の回旋動作がしやすくなる。

図2-3

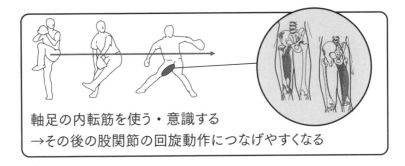

軸足の内転筋を使う・意識する
→その後の股関節の回旋動作につなげやすくなる

【膝関節：弱／股関節：強】

　軸足の内転筋をうまく使えない投手にありがちなのが、軸足のヒザを折ることで並進運動に入ろうとすることだ。「軸足に力を溜める」という言葉を勘違いしてしまっているのか、ヒザに力を溜めようとしてしまう。

　膝関節を使うと、本来使うべき内転筋ではなく、太ももの前側にある大腿四頭筋が過剰に働きやすくなるマイナス面がある。大腿四頭筋は、主にヒザの曲げ伸ばしに関わる筋肉で、股関節の回旋に関与する筋肉ではない。そのため、膝関節が並進運動の際に過剰に動いてしまうことで、軸足のヒザが折れすぎてしまう。ヒザが折れすぎることで、踏み込

み足も遠回りしやすくなってしまう。遠回りしてしまうと、インステップになりやすくなる。さらにそのインステップを修正しようと意識すれば、今度は重心が後ろに行きやすくなり、結果的に体を開いてステップ位置を戻そうとしてしまう。本来は、股関節が回旋したあとで、骨盤が開いていくのだが、この運動連鎖が途切れることになる。

　並進運動の勢いや力も使えず、P37のグラフ（図2-1）のBの選手のようにゼロから力を生み出さなければならなくなり、最終的に上半身への負担が大きくなる。

　筋肉の力関係を表すと、ここでのイメージは「内転筋＞大腿四頭筋」であるべきだが、膝関節が優位に働くと「内転筋＜大腿四頭筋」となる。ただし、勘違いしてほしくないのは、「膝関節をまったく使わないことはあり得ない」ということだ。どんな一流投手であっても、膝関節は絶対に曲がる。頭に入れてほしいのは、股関節と膝関節のどちらが"主"になるかだ。軸足の内転筋に力を感じながら、並進運動ができるかが大きなポイントになる（図2-4）。

図2-4

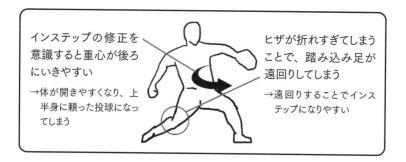

インステップの修正を意識すると重心が後ろにいきやすい
→体が開きやすくなり、上半身に頼った投球になってしまう

ヒザが折れすぎてしまうことで、踏み込み足が遠回りしてしまう
→遠回りすることでインステップになりやすい

【日頃のトレーニングが大事】
　頭の中で「股関節を使いたい」「内転筋を働かせたい」と思っていても、体で実践するのが難しい投手もいる。その理由のひとつが、日頃の

トレーニングから大腿四頭筋が優位に働く体の使い方をしていることだ
（図2-5）。

　たとえば、スクワットやレッグランジを行うときに、大殿筋やハムス
トリングを使うのではなく、大腿四頭筋で自分の体重を受け止める選手
は、投球フォームの中でも同じ現象が起きやすい。普段の動きが、体の
中にインプットされているため、投球フォームのときだけ体の使い方を
変えようとするのは非常に難しい。トレーニングから正しい体の使い方
を覚えていくことが、フォームの改善につながっていく。第3章でト
レーニングのやり方を丁寧に解説しているので、ぜひ参考にしてほし
い。

図2-5

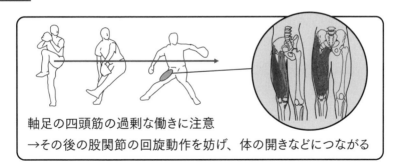

軸足の四頭筋の過剰な働きに注意
→その後の股関節の回旋動作を妨げ、体の開きなどにつながる

【立ち姿勢も重要】

　軸足で立ったときのポジションも重要である。足を上げたときにかか
と重心になる投手は、倒れないようにするため、大腿四頭筋を働かせて
バランスを取ろうとする。このバランスのまま並進運動に入っていけ
ば、膝関節が過剰に折れて、大腿四頭筋が優位に働くのは当然のことと
言えるだろう。かかと重心になりやすい投手は、股関節に重心を感じら
れる立ち方を意識するとよい。このスタートポジションを改善しなけれ
ば、理想の運動連鎖を手に入れることは難しいだろう。

また、軸足で立ってから、ヒザを折ることでタイミングを取る投手も見かけるが、運動連鎖の観点からすると注意すべき点がある。本来は軸足で立った体勢から、ヒップファーストで捕手方向に移動していきたいにもかかわらず、下方向に一度沈んでから、捕手方向に移動することになる。下に沈むことによって、進行方向（捕手方向）に加速していく力も生みにくく、下半身からの運動連鎖も途切れてしまう可能性もあるのだ。並進運動のときに大腿四頭筋を優位に使ってしまうことが、どれだけピッチングに余計な力を使ってしまうのか、理解してもらえただろうか。

【ヒジが上がる時間を確保できる】
　並進運動の時間を確保することは、わずかな間ではあるが、利き手がトップを通過するまでの時間を作ることにもつながっていく。第1章でも紹介したが、この時間があることで、下半身と上半身のバランスが合いやすくなる。並進運動が短ければ、トップに入るまでの時間が短くなり、ヒジが上がり切る前にリリースを迎えることにもなりかねない。
　ヒジの位置が低い局面だけを見て、「ヒジを上げなさい」と言いたくなる指導者もいると思うが、そこに至るまでの下半身の使い方に原因が隠れていることが多い。ヒジだけに着目するのではなく、まずは並進運動がしっかりと行えているかを確認してほしい。

【山本由伸の独特の並進運動】
　一流投手の並進運動の実例として、山本由伸投手（オリックス）の体の使い方を紹介したい。ソフトバンクの監督として何度も何度も対戦した投手のひとりである。山本投手の特徴は並進運動の速さにある。物理的な速さというよりは、打席での体感的な速さだ。捕手方向に向かって、真っすぐ、速く、"グンッ！"と打者に迫ってくる並進の速さがあり、そ

れによって、打者がどうしても受けてしまうのだ。ちょっとした怖さすら覚える。本来、打者は自分からボールに攻めていかなければ、良い結果は生まれないものだが、それができない難しさがあった。

　なぜ、この動きができるかというと、柔らかくて強い筋肉や、関節の柔軟性を備えていることなど、いくつかの理由が考えられる。真似をしようとしても、まったく同じことはできないだろう。それでも、山本投手の真っすぐ、かつ速い並進運動を参考にしてみることで、新たな感覚に気付く投手もいるかもしれない。

【並進運動の勢いでギアを入れる】

　私自身は、ピンチを迎えたときや、「ここはどうしても先頭打者を出したくない」と思う勝負所では、意識的にギアを上げるようにしていた。先発で長いイニングを投げ、毎年のようにコンスタントに結果を残せる投手は、このギアチェンジに長けている。絶対に打たれてはいけないところで、どれだけ力を込めたボールを投げられるか。クローザーのように、すべての球を全力で投げるわけにはいかないので、ペース配分を考えながら試合を作っていく必要があるのだ。

　私が意識していたのは、「最初チョロチョロ、中パッパ」。ご飯を炊くようなリズムだ。すべて10割で投げていたら、とても終盤までもたない。いきなり全開で火を強くしたら、おいしいご飯は炊けないのと同じことだ。最低でも7回まで投げ切り、試合を作る。そのためにも、力の入れ所を見極めなければならないのだ。

　問題は、どうやってギアを入れるか、である。ギアを上げようとするあまり、自分の力で腕を振って、力感を上げようとする投手がいる。しかし、腕だけに力を込めようとすると、どうしても運動連鎖が途切れる。余計な力みも加わるため、コントロールが乱れやすい。

　私自身は、捕手方向に移動するスピードを速くして、前に進むエネル

ギーを上げる意識を持っていた。そうすることで、このあとに説明する
踏み込み足の着地が強くなり、体が回旋するスピードが上がっていく。

　おそらく、見た目にはほとんど違いはわからないだろう。意識の中
で、「速く」「強く」移動することで、ギアチェンジをしていた。

　投手によって、さまざまな力の入れ方があると思うが、上半身に意識
を置きすぎると、どうしてもリリースでブレが生じやすい。だからこ
そ、下半身でいかに力を出していくか。自分なりのギアの入れ方を見つ
け出してほしい。

＜フェーズ２＞ （図2-6）

体幹・胸郭の動き

（踏み込み足の接地時の運動の変換）

　　求める動き①並進運動の勢いを回旋運動に変換させる

　　求める動き②踏み込み足の接地によるストップ動作

図2-6

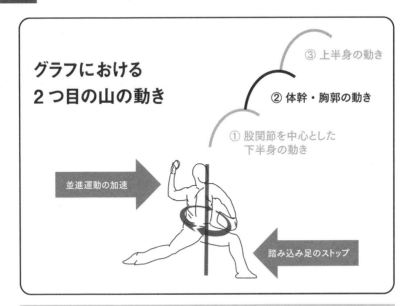

グラフにおける
2つ目の山の動き

③ 上半身の動き

② 体幹・胸郭の動き

① 股関節を中心とした
　下半身の動き

並進運動の加速

踏み込み足のストップ

並進運動の勢いを回旋運動に変換させる
→踏み込み足の接地によるストップ動作
（エネルギーの転換；並進運動から回旋運動へ）

【着地足を安定させる】

　並進運動で生み出した勢いを回旋運動に変換させるのが、このフェーズ2で求められる動きとなる。

　そのカギを握るのが、踏み込み足の着地だ。着地足がピタッと安定して止まることで、回旋運動の軸が作られ、軸足の股関節の内旋動作が引き起こされ、骨盤から体幹、上半身への運動連鎖が生まれる（図2-7）。着地足が安定するからこそ、並進運動のエネルギーを回旋運動に換えることができるのだ。不安定な着地になれば、回転の軸が失われ、上体が突っ込んだり、ブレたりしてしまい、強く速い回旋運動は生まれない。

どれだけ下半身主導で並進運動ができていても、踏み込み足が安定していなければ、それまでの勢いや連動が崩れてしまうことになる。

　踏み込み足が接地したときの体重のかけ方は、軸足3、踏み込み足7の割合が望ましい。しっかりと踏み込もうと思いすぎて、軸足1、踏み込み足9のような割合になると、頭が突っ込んだり、体の開きが早くなる可能性が出てくる。

　さらに細かいことを言えば、踏み出した足のヒザとつま先の方向性も重要となる。コントロールが安定している投手ほど、捕手方向に向き、ヒザとつま先の角度が揃っている。ホームベースに対して、力をロスなく伝えることを考えたら、捕手方向に向いていることが望ましいと言えるだろう。

図2-7

踏み込み足がピタッと止まって軸になる

✓ 踏み出した足の股関節でしっかりと受け止める

✓ 足を踏み出すときは踵（足裏全体）から着地する

⇒つま先着地は踏み出した足がぐらつきやすい

【踏み出し足の股関節で受け止める】

　では、安定した着地を生み出すためには、どのように体を使えばいいか。

　ここでも大事になってくるのが、膝関節ではなく、股関節周辺の筋肉を働かせることだ。大腿四頭筋ではなく、内転筋やハムストリング、大殿筋などの大きな筋肉で体重を支える。膝関節を使うと、どうしても体がぐらついてしまうはずだ。

　足裏の着地の仕方も重要なポイントとなる。つま先から着地しようと

すると、膝関節が優位に働き、大腿四頭筋が優位になりやすい。かかと、もしくは足裏全体で着地したほうが、股関節周りの筋肉を働かせやすくなる。投球フォームだけでなく、レッグランジなどのトレーニングから正しい動きを体に染み込ませていく必要がある。歩くときに、"つま先"や"かかと"を意識する人はいない。何も言わなくてもほとんどの人がかかとから着地して歩く。要は、自然に動くことが大切であり、つま先から着いてしまう人はその時点でどこかに余分な力が入っていると思っていいだろう。

　スムーズな運動連鎖が起こることで、下半身から上の体幹や胸郭がねじられ、腕がムチのように振られていく。無理に、自分の力で腕を振ろうとする必要がなくなるため、肩やヒジにかかる負担も減ることになる。

【踏み込み足＝回旋の軸】

　踏み込み足の着地は、コマの回転軸とよく似た働きをしている。コマは中心の軸が安定していることで、強く速く回ることができるが、軸がなければきれいに回ることができないはずだ。投球フォームにも同様のことが言え、踏み出し足が安定することでそこに軸が生まれ、踏み出し足の股関節を基点にして、スムーズな回旋運動が引き起こされていく。

　踏み込み足が不安定になると、並進運動の勢いやねじれの連動が使えず、ねじれができない分、体の開きも早くなる。その結果、上体でコントロールしようとして、リリースポイントが不安定になりやすい。（図2-8）

【着地足がコントロールの安定につながる】

　プロ野球で速いストレートを投げる投手のほとんどが、踏み出した前足がずれる傾向にある。かかと重心になり、つま先がめくれたり、足の

図2-8

> **軸がブレる（踏み込み足の不安定）→回転軸がブレる**

✓ **下半身からの力がしっかりと伝わらない**
→並進運動の勢いやねじれの連動も使えない

✓ **ねじれができないので体が開きやすくなる**
→上体でコントロールしようとしてしまう
→リリースも不安定になりコントロールが低下
上半身への負荷も大きくなるのでケガのリスクも向上

コマと一緒：軸がなければ回旋もねじれもできない
軸が安定しているから力強く回旋運動ができる

外側に体重が逃げて、ヒザが外に開いたり……、投げ終わったあとに力を逃がすためにやっているのであればいいが、リリースで力を伝えきる前に、着地足がずれる投手も多い。

　この原因の多くは、上半身に対する意識が強く、上で力を出そうとしているからではないか。こういう話をすると、「速球派がずれるのは仕方ないのでは……」と聞かれることがあるが、そんなことはないのではないか、と考える理由がある。

　メジャー通算３５４勝の名投手、ロジャー・クレメンス投手のフォームをインターネットで探してみてほしい。１６０キロ近いストレートを投げていながらも、踏み込んだ前足がピタッと止まり、ずれたり、めくれたりすることがない。今、映像を見ても、びっくりするぐらい安定している。同じように、ランディ・ジョンソン投手も、前足の着地が動かない投手だった。

「いや、あの人たちは、日本人とは比べものにならない、体の強さを持っているからでしょう」と思う人もいるかもしれないが、それを言った時点で、投手としての成長は止まる。体の強さが足りないと思うのなら、トレーニングをすればいいだけの話だ。

　なお、踏み出した足がプレート方向にずれることに関しては、まったく問題ないと考えている。私自身も無意識にずれていることがあった。大腿四頭筋ではなく、ハムストリングや殿筋を使って着地したときは、その作用で、足が後ろに引かれていくのだ（股関節の伸展作用）。

【佐々木朗希投手のテクニック】

　２０２２年シーズンに完全試合を成し遂げた佐々木朗希投手（ロッテ）は、踏み込み足の使い方に特徴がある。並進運動の際に、左足の股関節を内旋させて、足の裏を捕手に向けるような動きを入れているのだ。そして、着地するタイミングで、内側に捻っていた股関節を開放し、外旋させる。捻り戻しの力と、軸足でプレートを押し込む力が合わさり、着地の瞬間に地面から大きな反力を得ることができている。並進運動にプラスして、ねじれの力が加わるのである。（図2-9）

　こうして、下半身で作った力を体幹から上肢に伝えることで、ボールを離すときに爆発的な力を生み出している。これがすべてではないが、あれだけの速い球を投げられるひとつの理由と考えていいだろう。

　山岡泰輔投手（オリックス）や奥川恭伸投手（ヤクルト）も、同じような前足の使い方をしているが、股関節の柔軟性がなければ、あれだけ内側に捻るのは難しい。どんな使い方が自分の体に合っているのか。適した動きを見つけていくのも、長く野球をやっていくには重要なポイントとなる。

図 2-9

一部の投手に見られる
踏み込み足の内旋の
イメージ

並進運動の勢い＋ねじれの力により
大きな力を生み出している

【伸ばされた筋肉は勝手に縮む】

　また、基礎知識として覚えておいてほしいのは、「回旋運動は、自ら意識的に行うものではない」ということだ。「筋肉は、伸ばされたものが縮む」という特性を持っているため、これを生かさない手はない。手でねじったゴムを離すと、一気に元に戻ろうとする力が働くが、筋肉も同じような働きを持っている。

　たとえば、前足を上げて軸足一本で立ったときには、軸足の股関節を内旋させて、我慢しようとする力が働く。踏み出し足が着地した際に、我慢していたものが一気に開放されて、回旋運動につながっていく。

　股関節には骨盤を中心に下半身を回旋させる機能があるが、膝関節の主な役割はヒザの曲げ伸ばしになる。大腿四頭筋が優位になった時点で、回旋ではなく曲げ伸ばしが優位になるため、股関節の働きが弱くなってしまう。その時点で、下からの連動が途切れてしまい、自分の力で腕を振るしかないことになる。これは、軸足と踏み出し足の両方に言えることだ。

【体幹トレーニングの重要性】

「体幹」が重要であることは、すべてのスポーツの共通点であろう。体の中心部が安定しているからこそ、手足を動かしても、一定のバランスを保ったままプレーができる。

　ピッチングにおいても、軸足で立ったときに体幹が弱い投手は、いわゆる"腰が抜けた"状態になり、骨盤をコントロールできなくなってしまう。その結果、股関節周りの筋肉が機能しにくくなり、並進運動にも影響が出てしまうこともある。

　体幹の定義は人によって変わるだろうが、私自身は腹筋が大事だと感じている。腹筋が抜けた状態では、投げることも打つことも、下半身からのエネルギーを腕にまで伝えることができないはずだ。さまざまな科学的なトレーニングが生まれているが、自重でできる腹筋や腕立伏せは、体幹を鍛えるのに欠かせないメニューとなる。こちらも、第3章で詳しく解説している。

【3つの筋肉を持つ腹筋】

　腹筋について補足をすると、皆さんがイメージする腹筋は「シックスパック」と呼ばれる6つに割れた表面の筋肉ではないだろうか。じつは、腹筋には表面、真ん中、深層の3つの筋肉があり、表側にあるのがシックスパックを作る腹直筋となる。次いで、回旋の役割を担う腹斜筋が真ん中にあり、もっとも深いところに腹横筋がある。お腹の前側をぐるっと覆っていて、コルセットのように、腰を安定させる役割を持つ。

　私が特に大事にしていたのが、この腹横筋を鍛え、「腹圧を高める」ことだ。つまりは、お腹の深いところに圧をかけることで、腰周りを安定させる。軸足で立ったときに腹横筋に力が入る感覚がわかれば、ぐらつくことはない。これまで「下半身主導のフォームが大事」と解説してきたが、下半身の安定感を生み出すには、腹横筋を中心とした体幹の強

化が必須となる。

【打者との間合いをずらす】

　並進運動で生み出したエネルギーを、踏み込み足の着地で受け止めることによって、下半身から上半身にかけての運動連鎖が生まれる。軸足の股関節が内旋し、骨盤が回旋し、体幹や胸郭がねじれ、腕が振られていく。一流投手は、この運動連鎖がコンマ数秒ごとに段階的に起きていることになる。

　じつは、ここで生まれる「間合い」が、打者とのタイミングを外す大きな役割を担い、ときに「球持ちがいい」や「腕が遅れて出てくる」と表現されることがある。踏み込み足の支点が不安定になると、この間合いが生まれにくく、足を着いたと同時に腕が出てくるような投げ方になる。打者からするとタイミングを合わせやすいため、どれだけ球速表示が速くても、速さを感じない球になりやすい。

＜フェーズ３＞（図2-10）

上半身の動き（踏み込み足の接地からフォロースルーまで）

　求める動き①固定された踏み込み足が軸となり、下半身〜体幹〜上半身のねじれができる

　求める動き②フォロースルーまで、踏み込み足が軸となり続け、回旋運動がスムーズになる

図2-10

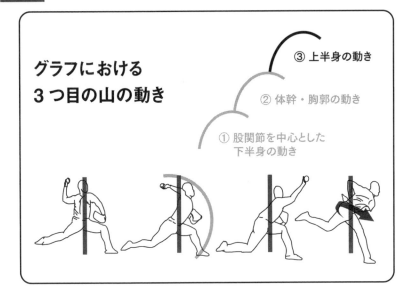

グラフにおける
3つ目の山の動き

③ 上半身の動き

② 体幹・胸郭の動き

① 股関節を中心とした
　下半身の動き

踏み込み足がしっかりと固定され、軸となっている状態で
下半身〜体幹〜上半身とねじれができる
最後のフォーロースルーまで踏み込み足が軸となり続け
体の回旋運動がスムーズになる
（体に腕が巻きつくような動きになることで
肩やヒジのストレスを分散させる）

【投球障害の予防】

　最後は3つ目の山、「上半身の動き」である。

　下半身の動き、体幹・胸郭の動きがスムーズに行われることで、理想的な運動連鎖が生まれ、最後に腕がムチのように"振られる"。繰り返しになるが、自ら腕を"振る"のではなく、"振られる"感覚が重要となる。

これは、投球障害の予防にもつながる話で、フォロースルーで腕が体に巻き付くような動きになることで、肩やヒジにかかるストレスを分散させることができる。自分の力で腕を振ってしまうと、腕を加速させることも、腕の振りを止めることも肩周りの筋肉だけで行うことになり、肩やヒジへの負担がどうしても大きくなる。

【イメージは「でんでん太鼓」】

　私が持っていたイメージは、「でんでん太鼓」だ。太鼓の中心の軸がきれいに回ることで、玉が付いた紐がリズミカルに膜を打つ。言うなれば、でんでん太鼓の紐がボールを持った腕になる。私自身は、「ヒジから先」の感覚はほとんど持たず、並進運動と回旋運動の流れに乗って、勝手に振られる動きを追い求めていた。これが、運動連鎖の最終局面となる。

　なお、上半身は「ヒジから先」であるが、下半身は「ヒザから下」はないものだと考えていた。末端には意識を持たずに、体の中心、すなわち体幹に近いところに意識を置く。フィギュアスケートのスピンやジャンプを思い出してもらうとわかりやすいが、手を体の中心に近づけて、軸が細くなるような体勢を作っている。体が回転するときには、体幹から遠いところではなく近いところに意識を置いたほうが、速く回ることができるのだ。

　投球フォームにも同様なことが言え、回旋運動のときには手を体の中心に近づけておく。よく、「利き手を耳の横に持ってきなさい」という指導法があるが、耳の横に置いたまま回旋運動を行えば、フィギュアのスピンのように鋭く回転できる（図2-11）。

図2-11

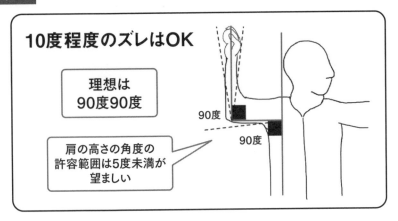

これはあくまで動きや形のチェックのひとつの目安として載せている図であり、こういった形を作りなさいという意味ではないので、その点は注意していただきたい（一連の動きの中での自分の形やフォームを確認する）。

【柔軟性の確保は必須事項】

　ここまで、３つの投球フェーズを見てきたが、すべてに通じるのは肩関節、股関節周りの柔軟性・可動域の確保である。柔軟性が低下し、可動域が制限されると、その時点で運動連鎖がスムーズに行われなくなってしまう。

　また、柔軟性・可動域とともに、各関節周辺の筋力も必要になり、日々のトレーニングは必須となる。股関節であれば股割りや伸脚、肩関節であれば腕立て伏せなど、基礎的なメニューに丁寧に、かつ地道に取り組むことが大切になる。次の第３章で、トレーニングの考え方と具体的なメニューを詳しく解説していきたい。

コントロールを決めるもの

■■■ 目線のブレが距離感を狂わせる

　ここまでのまとめになるが、私が考える「良いフォーム」とは、下半身から体幹、上半身にかけての運動連鎖がスムーズに行われ、肩やヒジに過剰な力を加えずとも、自然に腕が振られるフォームである。このメカニックが毎球できていれば、おのずとストライクゾーンに投じる確率も上がっていく。

　さらに、ここにもうひとつ、重要なポイントとして「頭（クビ）を振らない」を付け加えておきたい。頭を振らずに投げている投手は、総じてコントロールが安定している。山本由伸投手のスロー映像を見てみると、その意味がきっとわかるはずだ。

　一方で、頭を振って、腕を振ろう、スピードを出そうとしている投手は、コントロールにばらつきが生まれる。重たい頭を振るということは、必ずどこかで動きのブレが生まれ、それが18.44メートル先のコントロールを乱すことにつながる。

　そのブレのひとつが、目のブレだ。頭を振るということは、目線が傾くことになる。目線が傾けば、おのずと視界が乱れ、距離感が乱れる。「狙ったところに投げる」という投手の重要な仕事を考えたとき、この体勢からコントロールを付けることができるだろうか。私は、絶対に無理だと思う。優れたリリース感覚があれば、ストライクゾーンの中には放れるだろうが、キャッチャーミットにビタビタ投げ込むコントロール

を手に入れるのは難しいはずだ。

　感覚的な話になるが、コントロールに優れた投手は、優れた距離感を間違いなく備えている。「このぐらいのところでボールを離して、このぐらいの力感で投げれば、そこにいくだろう」。こうした感覚を、数多くのボールを投げることによって身に付けていく。目線が傾いた体勢で、距離感をどれだけ磨こうとしても、現実的には難しいのではないだろうか。

　コントロールに悩んでいるのであれば、頭を振らないこと、目線をぶらさないことを、意識してみてほしい。言い方を変えれば、「キャッチャーミットを見て、投げなさい」とも言える。頭を振る投手は、ミットを見て投げることができない。

　ただし、大人になってから、「頭を振らないで投げてみなさい」と言っても、すぐに直るものではない。ひとつのクセでもあり、子どもの頃から頭を振って投げているからだ。本気で改善を図りたいのであれば、それ相応の時間と根気強さが必要になる。

■■■ 目の前でリリースする

　何かを狙おうとしたとき、目で目標物までの距離感を無意識のうちに測り、力の方向性や力加減を決めていく。どのような体勢で投げれば、狙ったところに高確率でいくか。人間は本能的にわかっているものだ。

　わかりやすい例を挙げれば、ダーツがある。目の前にダーツをセットして、その延長線上に、目標とする的の中心を置く。何も教わっていない小学生でも、このような構えを取るだろう。わざわざ、顔から外れたところで投げようとする子どもはいないはずだ。

　ピッチングにも同じことが言える。目の前で、ボールを離したほうがコントロールを付けやすい。投球には回旋運動が入るため、ダーツのよ

うに体と顔を真正面に向けた体勢で投げることはできないが、それでも、目の前で投げる意識を持つことが重要になる。そもそも、コントロールに課題がある投手は、この意識が薄いように感じるのだ。

　投げ方の問題も関係してくる。これは、子どもたちに向けた野球教室でよく教えていることだが、「体の前でボールを離そうね」と伝えている。私のような左投手であれば、右の股関節を軸にして、体をしっかりと回旋すれば自然と腕は前に出てくる。回旋の途中に腕を振ろうと思うと、どうしても、体の後ろでボールを離すようになるのだ（図2-12）。

　体の前で腕が振れるから、目の前でボールを離すことができる。すなわち、下半身から体幹、上半身にかけての運動連鎖があってこそ、安定したコントロールを身に付けることが可能となる。

図2-12

図は左投手の場合

体を回すだけで
手のひらは
正面を向く

手のひらを
外側に向ける

上半身は動かさないので
肩・ヒジ周りの
服のシワは変化しない

踏み込み足である右足（右投手なら左足）を軸に横を向く
その足を軸に体を回しきることで
上半身を動かさなくても、自然と腕は前に出てくる

■■■「頸反射」は肩・ヒジへの負担が強い

　頭を振ってしまう原因のひとつに、「頸反射」も関わっているように感じる。首を振ることで、腕を強く振れる感覚に陥りやすいが、肩とヒジへの負担が大きい。意図的に首を振ろうとすると、鎖骨や肋骨の間が詰まりやすくなる。

　なぜなら、ヒジが上がりきる前に首を大きく振ることで、ボールを持った手をかぶせるようにして投げるからだ（図2-13）。必然的に、運動連鎖から外れた動きになりやすい。この投げ方を続けていくと、私も経験したことがあるが胸郭出口症候群や、血行障害のリスクが高くなると感じている。

　また、首を大きく振ってしまうことで、腕の振りを制御するのがむずかしくなる。首を振れば、耳の奥にある三半規管も振られることになり、前庭感覚や平衡感覚が大きく乱れ、自分の動きが余計に感知できなくなる。そうすると、自分がどんな腕の振りをしているのか、どんなフォームで投球しているのかがわからなくなってしまう。フォームの再現性を作る意味でも、かなり苦労を要することになってしまうはずだ。

図2-13

ヒジが上がりきる前に首を
大きく振ってしまうことで、
肩をかぶせるような
動きになりやすい

肩周りのケガだけでなく、
首や鎖骨周りなどの障害にもつながってしまう恐れもある

第3章

技術習得の
ためのトレーニング
ピラミッド

長い年数投げ続けるには、トレーニングによる土台
作りが必須。メニューの目的を理解し、丁寧に繰り
返し実践することが成長につながっていく。

「トレーニングピラミッド」を知る

■■■ 基礎トレーニングを大切に

　第１章、第２章では理想の投球フォームを手に入れるための技術論に焦点を当ててきた。

　こうした技術を実践するには、体作りが欠かせない。どれだけ才能に恵まれた投手であっても、才能だけに頼っていてはプロの世界では戦えないだろう。日々のトレーニングで、コンディションを整えると同時に、体を鍛えていかなければいけない。

　一度鍛えた筋肉も、トレーニングの量を減らせば、おのずと衰えていく。それゆえに、トレーニングにゴールはなく、１日１日、１年１年の積み重ねによって、プロで戦うための体を作り上げる必要がある。

　「トレーニング」と一口に言っても、人によってさまざまな考え方があるものだろう。私は「技術習得のためのトレーニングピラミッド」と題して、ソフトバンクの投手陣には３つの階層から成るピラミッドを提示していた（図3-1）。

　第３章で重点的に解説していきたいのが、ピラミッドの底辺を支える「基礎トレーニング」（筋力や筋持久力、リカバリー能力、反復練習ができるための体力、投球の負荷に耐えるための体作り）である。

　建物で例えれば土台となる部分であり、基礎が小さく脆ければ、その上は当然ながら不安定になる（図3-2）。反復練習で投球に必要は動きを身に付けようとしても、反復に耐えられるだけの体がなければ、練習を

積み重ねることができず、フォームを固めていくことはできない。よく、プロの世界では「練習できる体力がある人間が生き残る」と言われるが、それだけ反復練習を繰り返すことができ、量をやりこむことで、技術を身に付けられる機会を得られるのだ。

図3-1　技術習得のためのトレーニングピラミッド

実践
＝パフォーマンス
ブルペンの感覚
試合の感覚
動きと感覚のすり合わせ

動きづくり
体に動きを覚え込ませる
（神経回路・神経伝達）
自分のリズム・バランス・タイミングを養う
（反復練習・トレーニングの意識）

基礎トレーニング
筋力や筋持久力、リカバリー能力
反復練習ができるための体力
投球の負荷に耐えるための体づくり

図3-2

土台（基礎体力・筋力）がないと…

☑ 反復練習を積まなければ
　フォームは固まらない

☑ 体力・筋力が不十分なので
　球数や登板数が増えることで
　フォームが乱れやすくなる

フォームが乱れることで
パフォーマンスはもちろん、
ケガのリスクが上がる
そもそも土台が小さいほど
投球負荷に耐えられる体ではない

ピラミッド内テキスト: 実践 / ケガ / 動きづくり / 基礎トレーニング

■ シーズンオフに貯金を作る

　さらに言えば、基礎的な体力がない中で投げ続けていくと、その負荷に耐えることができずにケガのリスクが高まる。数試合、良いピッチングを見せられたとしても、パフォーマンスがガクッと落ち、思ったようなボールが投げられなくなるのは、体力的な要素が不十分な投手に見られがちな傾向だ。

　ケガのリスクを示したのが、右ページの図3-3のイラストである。「シーズン中の投球による体への負荷」と「トレーニングによる負荷など」を比べたときに、トレーニングで鍛えた負荷のほうが軽くなってしまうと、体が耐えられない状況に陥る。筋力や柔軟性が落ちることによって、フォームのリズムやバランスが崩れ、どうしても自分の力、特に上半身に頼って目一杯使って投げざるをえない状況となる。

　理想を言えば、シーズン中にもトレーニングを重ねるべきだが、試合

に投げながらも高負荷のメニューをこなすのは現実的にはなかなか難しい。オフシーズン、そしてキャンプインからシーズン開幕までの間に、負荷をかけたトレーニングを行うことが大切になる。

　そこで注意すべきことは、シーズン中の"平均的な"身体活動を基準にしてはいけない、ということだ。疲労が溜まり、精神的にも負荷がかかるシーズンの終盤戦をイメージして、どれだけトレーニングを積むことができるか。「これぐらいでいいだろう」ではなく、「もっと鍛えておこう！」と思ってもらいたい。

図3-3

シーズン中の負荷の想定：
常に起こり得る状況を整理する

オフシーズンやシーズン前にどれほど負荷を与えて
実際の投球より余裕を持たせることができるか
右側に天秤を傾けさせることができるか

シーズン中などの
投球による
体への負荷

トレーニング
による負荷など

最も過酷な状況・最悪な状況に
備えた準備（負荷を想定）して
トレーニングを行う

シーズン中の平均的な身体活動を基準にしてはいけない

準備不足が起これば
パフォーマンスも低下し
それだけケガのリスクも上がってしまうということを理解する

■■■ 試合の中でのフォームの変化を知る

　プロ野球の投手であっても、1試合の中でフォームには変化が起きている。特に、先発投手は1試合で１００球近く投げるわけで、体への負担は強い。どれだけトレーニングで鍛えていても、変化は見える。

　ここ数年、トラックマンなどの機器を活用し、投球フォームやボールの回転軸、回転数などを研究する動きが急速に進んでいる。これらのデータを分析することで、技術面の変化、試合における疲労度を知ることができる。

　図3-4は、私が実際の試合から得られるトラックマンデータをもとに作成していた資料である。都合により、実際の選手のデータではなくサンプルのデータになるが、先発投手の1試合におけるストレートのリリースポイントのデータを抽出し、その変化を分析したものだ。リリースの高低（地面からの高さ）と前後（プレートからの距離）をイニングごとに追っている。

　これはあくまでもサンプルだが、基本的に多くの投手は表と同じような傾向になる。イニングを重ねていくにつれてリリースポイントが下がり、打者に近いところでボールを離そうとする。つまり、高低の角度は低くなり、前後の長さは長くなる。

　もしかしたら、多くの人は「イニングが進めばリリースポイントはプレート寄りになる」と想像するかもしれないが、データ上は逆のことが起きている。下半身が踏ん張れなくなり、腰が折れたり、突っ込んだような投球になっていることが要因として考えられるが、「少しでもボールを長く持って打者寄りで投げたい」という意識も作用しているのではないだろうか。

　数々の投手を調べてみたが、どんな好投手でも1回から９回まで同じリリースポイントで投げることはできなかった。しかし、その中でもコ

ンディションが良かったり、安定した投球を続けられる投手は、イニングごとの落ち幅やばらつきが少ない。体力面、精神面の両方が備わっているからこその技術と言えるだろう。

　こちらはサンプルなので、比較的ゆるやかな変化となっているが、実際の選手のデータによると、調子の良し悪しがより顕著に表れる。調子が良いときの選手のデータはこのサンプルデータよりも変化の幅が少なく、調子の悪い選手のデータとなると、イニングごとのバラつきが大きくなったり、早いイニングでリリースポイントの高さが大きく低下したりする。

　こうした試合でのリリースポイントの変化を元に、日々のコンディショニングやトレーニングのメニューにも生かすことができ、試合ごとの比較やシーズンごとの比較をしていくことで、どういったトレーニングを重点的にしたほうがいいのかなどを考える材料にもなった。

図3-4

現場レベルで生かす

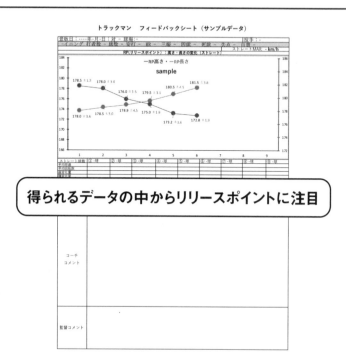

トラックマン　フィードバックシート（サンプルデータ）

得られるデータの中からリリースポイントに注目

■■■ 100球の投球＝100回以上のランジ動作

　次ページから具体的なトレーニングメニューを紹介していくが、取り組むうえでの注意点を記しておきたい。

「意識を持って、丁寧に繰り返す」

　何となく漠然とこなすのではなく、「何のためにやるのか」「どんな意識で取り組むべきか」を整理し、理解してから行ってほしい。意味や狙いがわからずにやっていては、ただ体に負荷をかけているだけであり、実際のピッチングにつながりにくい。

　回数は、個々の投手の筋力やコンディションによって変わってくるが、理想を言えば、「１００回以上」がひとつの目安となる。なぜなら、先発投手が１日に１００球投げた場合、１００回のステップ動作と、１００回の肩の回旋運動を行っていることになるからだ。いかに、この１００球に耐えられるだけの体を作っていくか。そう考えると、レッグランジであれば、１回のトレーニングで片足に１００回以上の負荷をかける必要が出てくる。80回を超えてから、バランスが崩れてくるのであれば、傾斜があるマウンドではもっと早い段階で前足の踏み込みが不安定になるということだ。マウンド上でのピッチングは、それだけ負荷が高い。

　試合になると気持ちも乗っているので、トレーニングでやっていたこと以上の成果が出ることもある。ただし、気持ちで乗り切るには限界があり、登板を重ねていくと、どこかで疲労度が上回る時期が必ず訪れる。繰り返しになるが、１試合、１カ月、１年だけのパフォーマンスではプロで生きていくことはできない。高いレベルで継続的に活躍していくためにも、地道な基礎トレーニングは欠かせない。

　紹介するメニュー自体はいずれもシンプルで、おそらく一度は取り組んだこともあるだろう。もしかしたら、もっと刺激的で新しいメニューを予想していたかもしれないが、基本的なメニューを高い意識で反復するのは想像以上に難しいこと。地道に取り組んだ先に、試合での活躍が見えてくる。

下半身種目／股関節周りの強化

■■■ 殿筋群・ハムストリング・内転筋群を鍛える

　第2章で解説したとおり、投球フォームは、股関節を中心とした下半身の動きによって始動し、下半身で生み出したエネルギーが体幹から上肢に伝わっていく。特に、踏み込み足は投球動作において、回旋の軸となる重要な役割を担う。踏み込み足の筋力が弱ければ、並進運動にブレーキをかけ、回旋運動に転換する力を生み出すことができない。

　では、具体的にどこの筋肉を鍛えることが、下半身の強化につながるのか。カギとなるのが、殿筋群・ハムストリング・内転筋群など股関節周辺の筋群である。

1 股割りスクワット

■ 殿筋・内転筋群の基礎トレーニング

狙い

　基本中の基本となるのが、股関節を開いた体勢で行う「股割りスクワット」。通常のスクワットよりも、殿筋群と内転筋群の活動量が多く、股関節周辺の筋肉を強化することができる。

ポイント

① ヘソとみぞおちが垂直になる位置関係で行う
（骨盤が前傾・後傾しないように中間位を保つ）

② 腰を下ろすときに、ヒザとつま先が同じ方向（外側）を向くように
（特に、ヒザが内側に入らないように注意）

③ 太ももと地面が平行になるまで腰を落とす

④ 腰を上げる際には、お尻の穴をキュッと締める意識を持つ

　はじめは、正しい形を覚えるために、自重で行うのが望ましい。ある程度の形を覚えてきたら、肩にシャフトを担ぎ、トレーニング強度を高めていく。ヒザが内側に入ると大殿筋や内転筋が使いづらくなり、股関節周辺ではなく、ヒザ関節で屈伸運動を行うことになり、ヒザを痛めることにもつながるので要注意。

　現役時代の私は、シーズンオフには、35キロのシャフトを担いで行っていた。何回やるかというと、20回だ。それを9セットを目標に行っていた（次に紹介するランジも同様）。9セットが目標ではあるが、股関節に力が入らなくなり、形が乱れてきたところで、一旦終了としていた。なぜ9セットを目標にしていたか。これは先発投手として9イニングを投げる想定をしていたためである。私も最初は9セット目にたどり着く前に股関節に力が入らなくなり、形や姿勢が崩れてしまった。徐々にレベルを上げて最終的には9セットを目指してほしい。

2 レッグランジ（フォワードランジ）

■股関節周りに焦点を当てた 基礎トレーニング

狙い

　踏み出した足の殿筋群やハムストリングで体重を受け止め、股関節にしっかりと乗る感覚を身に付ける。シンプルな動きであるが、投手に必要なポイントが詰まったトレーニングである。シンプルだからこそ、高い意識を持って、丁寧に取り組めるかが重要。

ポイント

①踏み出し足の膝の角度に注意

（投球時と同じ角度を意識／90度よりも鋭角にならないように）

②つま先接地ではなく、かかともしくは、足裏全体で着地する

③大腿四頭筋ではなく、殿筋やハムストリング、内転筋を使い、股関節で体重を受け止める

④1回1回踏み出すたびに、ピタッと止まる感覚を大切に

　投球時の踏み出し足の使い方に直結するのが、このランジだ。着地の際に、ヒザで受け止めてしまう投手は、実際の投球でも膝関節が優位に働く傾向にある。また、10回、20回であれば、股関節で受け止められる投手も、回数を重ねていくにつれて、太ももの外側や前側の大腿四頭筋で支えてしまうことがある。１００回なら１００回、２００回なら２００回、同じ感覚、同じ部位、同じバランスで着地することが重要になる。

　自重で回数をこなせるようになれば、シャフトをかついで負荷をかけていく。前ヒザで体重を受け止めてしまうと、シャフトの重さがすべてヒザにかかることになるので要注意。正しいフォームを身に付けてから、次のステップに進むこと。私自身は30回を、これも9セットを目標に行っていた。片足15回を交互に行うので計30回。なぜ15回かというと1イニングあたりのベースとなる球数を想定しているからだ。先ほどの74ページの股割りスクワットもそうだが、常に投球時の負荷や強度、動きをイメージして取り組むことも大切なことだと考えている。

　第2章で述べたとおり、股関節には体を回旋させる機能があるが、膝関節の役割はヒザの曲げ伸ばしだ。大腿四頭筋が優位になった時点で、膝関節の曲げ伸ばしが優位になるため、股関節の働きが弱くなってしまう。こうなると、並進運動で作ったエネルギーを、次の回旋運動につなげていくことができない。

3　レッグランジ（フライングスプリット）

■ ランジ応用メニュー

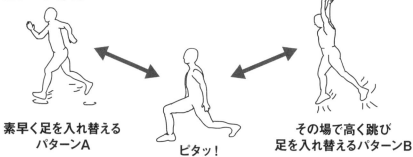

素早く足を入れ替える
パターンＡ

ピタッ!

その場で高く跳び
足を入れ替えるパターンＢ

狙い

　フォワードランジが正しい形で繰り返しできるようになったあとには、応用編としてフライングスプリットをおすすめしたい。その場で前後の足を素早く入れ替えるパターンＡと、その場で高く跳び、足を入れ替えるパターンＢの２通りがある。素早い動作の中でも、股関節周辺の筋肉を使って、ピタッと止まることが、投球動作にも生きてくる。動きが早くなるため、ヒザで止まろうとすると、バランスを崩しやすくなる。

ポイント

①ヒザでバランスを取ろうとせずに、股関節で体重を受け止める

②つま先ではなく、かかとや足裏全体で着地する
（つま先で着地すると、大腿四頭筋が優位に働きやすい）

　はじめは、正しい形を覚えるために、自重で行うのが望ましい。ある程度の形を覚えてきたら、肩にシャフトを担ぎ、トレーニング強度を高

めていく。

　着地時にしっかりと股関節で受け止める感覚を大切にするように取り組む。

　現役時代はフライングスプリットもランジと同様で30回（片足15回）×9セットを目標に行っていた。流れとしてはこのあと紹介するアウフバウ→ランジ→フライングスプリット→股割りスクワット→100mを3〜5本走る→アウフバウに戻るといったサイクルだ。とにかく、股関節周りを鍛えていき、投球の土台となる部分を大きくするように取り組んできた。

4　伸脚

■ 股関節周りの柔軟性を養う

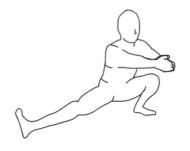

狙い

　股関節周りの筋肉は強さだけでなく、柔軟性も必要となる。強さ、しなやかさ、自由度が備わってこそ、投球動作につながっていく。動きの中で股関節をスムーズに使うためには、最低限の柔軟性は必要不可欠。伸脚は、どこでも簡単にできる補強メニューとなる。

①背中を丸めない／腰が抜けないように

②曲げている側の足のかかとを地面に着ける

③伸ばしている側の足のつま先を天井に向ける

④足を入れ替えるときは、反動をなるべくつけない

⑤太ももの前側やヒザで動きをコントロールしない
（股関節や殿筋など、体の中心で動きをコントロールできるように）

　体育の授業の準備体操にも必ず入っている伸脚だが、正しく丁寧に行えている人はじつは少ない。曲げた側の足のかかとが地面から浮いてしまう選手は、体の動きをヒザでコントロールしている証で、股関節の柔軟性にも課題がある。どうしても、かかとが浮いてしまう場合は、前方に支えを置くなど補助を付けて、上記の形がしっかりと取れる状態で行うこと。伸脚によって、股関節を中心に体を使うことを覚えていきたい。

　じつは、プロの世界でも伸脚がスムーズにできる投手は少ない。どれだけ強さを磨いたとしても、股関節の柔軟性に欠けていると、運動連鎖がスムーズに行われにくくなり、ケガのリスクも高まる。日々の習慣として、毎日当たり前のように取り組むべきメニューだと考えてもいいだろう。

5 アウフバウ

■ 上肢と下肢をつなぐ腸腰筋を鍛える

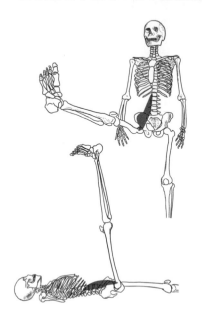

狙い

　腸腰筋は、人間の体で上肢と下肢をまたぐ唯一の筋肉であり、下半身の動きを体幹から上半身につなげる重要な役割を担う。イメージとしては、「股関節のインナーマッスル」であり、股関節の強化とともに、股関節から体幹の動きを安定させる働きがある。アウフバウ（仰向けで、片足をさまざまな速度、角度で上げ下げする）は腸腰筋にフォーカスを当てたトレーニングで、自重であるが、見た目以上にきついメニューだ。

ポイント

①みぞおちから足の付け根に意識を置く

②大腿四頭筋ではなく、股関節から足を上げていく

③ゆっくり上げたり、速く上げたり、さまざまな速度で行う

　アウフバウは、股関節周辺の筋肉に刺激を加えやすく、現役中はレッグランジやランニングのインターバル間に行っていた。刺激を入れておくことで、ランジで前足の股関節に乗る意識が付きやすくなる。

下半身トレーニングの注意点

■■■ 大腿四頭筋が優位になりすぎるトレーニングに注意

　ここまでが、下半身に焦点を当てた代表的なトレーニングとなる。最初にお伝えしたとおり、メニューのひとつひとつはとてもシンプルなものだ。それでも、やり方ひとつでその効果は大きく変わるだけに、じつは想像以上に奥が深いと言える。

　下半身系のメニューに共通しているのは、「大腿四頭筋が優位に働きすぎるトレーニングに注意しましょう」ということだ。繰り返しになるが、大腿四頭筋は股関節ではなく、膝関節の動きに大きく関与している。投球フォームにおいて、並進運動時に軸足が折れすぎたり、踏み込み足の軸が不安定になったりする投手は、普段のトレーニングから前・外側の大腿四頭筋を優位に使ってしまうクセがある。このクセが、実際の投球にも表れているのだ。

　加えて、大腿四頭筋は表面上の大きい筋肉であり、深層にある細かい筋肉や、本来使うべき筋肉の代わりに過剰に働きやすい。その分、無意識のうちに、大腿四頭筋に頼る習慣が付きやすい。この習慣を変えるには、股割りスクワットやレッグランジなどで、股関節周辺で体をコントロールすることをクセ付けていくしかない。「１セット１００回以上」が理想ではあるが、はじめは少ない回数でも構わないので、回数よりも正しい動作を優先したほうがいいだろう。

　世の中にはさまざまなトレーニングが広まっているが、ひとつ注意を

しておきたいのが、バランスディスクを使った運動だ。軸足をディスクの上に乗せて、バランス感覚を養ったり、スクワットをしたりと、いろいろなバリエーションがある。

　捻挫後のリハビリで使うのであれば効果的ではあるが、ディスクの上でバランスを取ろうとすると、よほど意識しないかぎりは、太ももの前側や外側の筋肉が優位に働きやすい。慣れていなければ股関節ではなく、膝関節で体をコントロールしてしまうことになる。

　そもそも、「バランス」に対する捉え方は、人によって違うものだろう。一般的には、「不安定な場所でいかにバランスを取るか」と考えがちだが、私の場合は、「同じリズムをスムーズに繰り返すことで、動きのバランスが身に付いてくる」。足場が不安定になると、スムーズな動作を行うことができないのは明らかだ。

　トレーニングの原則として覚えておいてほしいのが、『SAID原理（特異性の原則)』という考え方である。「Specific Adaptation to imposed Demands」の略であり、「体は課された要求に対して、特異的に対応する」という意味になる。

　もっと具体的に言うと、「自分が行った動きやトレーニングは、代償動作なども含めて常にインプットされ続ける」。それは決して、良い動きだけでなく、自分が望んでいない動きまでもインプットされることになる。すなわち、トレーニングのやり方が正しくなければ、せっかくの練習が逆効果になることもある。トレーニングの目的を理解し、正しく丁寧に行うことが、結果としてパフォーマンスの向上に結び付いていく。

股関節のコンディションを高める

■■■■ 筋バランスの崩れで股関節のポジションがずれる

　股関節を基点にして体をコントロールする重要性を伝えてきたが、投げるのにも打つのにも非常に重要な関節であり、コンディションを常に把握して、良い状態に整えておく必要がある。

　時折、スクワットやランジに取り組む投手から、「股関節のハマりが悪い」「股関節の感覚が良くない。何か、詰まっている感じがする」、さらに「右の股関節は入っているが、左がずれている」といった声が上がることがある。簡単に言ってしまえば、「力が入る感覚がない」ということだ。私自身も、トレーニングだけでなく、投球の際にこうした感覚に陥ることがあった。

　股関節と肩関節は、自由度の高い「球関節」であり、プラモデルのジョイント部分のようにすっぽりとハマっている。大腿骨の骨頭と、受け皿となる骨盤の臼蓋（お椀に似た形をしている）がうまくかみ合うことで、股関節のスムーズな動き引き起こすことができる。骨頭の中心が、臼蓋の中心にきれいに収まっている状態が理想となる。足を前方に上げる（股関節の屈曲）ときには、大腿骨頭が転がり、後方に滑っていく。内旋や外旋の動きも、関節と関節の適合ができているからこそ、自由にさまざまな方向に動かすことができるのだ。

　この位置関係が数ミリでもずれると、「ハマりが悪い」「股関節がつまっている」という違和感を覚えるようになる。違和感の多くは、股関

節が本来あるべき正しいポジションから、ずれていることで起こる。よくある事例に、大腿骨の骨頭がわずかではあるが前方に移動してしまうことで、ハマりが悪く感じたり、引っかかったりして違和感やつまりが生まれることがある。海外の文献では「Femoral Anterior Glide Syndrome」（大腿骨前方すべり症候群）とも呼ばれ、ときには股関節の前面に痛みを感じることさえある（図3-5）。

　では、位置がずれる原因はどこにあるのか。要因のひとつが、太ももの前側や外側の筋肉の過剰な働きによる「筋バランスの崩れ」だ。正常時は、股関節の前面（大腿四頭筋や大腿筋膜張筋）と後面（殿筋群やハムストリング、内転筋など）の筋肉のバランスが保たれているが、前面の筋肉を過剰に使い過ぎていると、引っ張られることによって関節が前方にずれていくのだ（図3-6）。

　骨が前方に移動することで、後面の筋肉は伸ばされた状態となり、殿筋や内転筋の機能は低下してしまう。筋肉は、力を発揮するための適切な長さがあるが、それ以上に伸ばされてしまうと、筋バランスが乱れ、筋出力が落ちやすくなる。

　こうなると、余計に大腿四頭筋など前面の筋肉を使わざるを得ない状況となり、さらに股関節のずれを助長することになる。わずかなずれでも骨に付着する筋肉の長さや張力に大きく関与するため、どうしても悪循環に陥ってしまう。必然的に、股関節の動きに制限がかかり、股関節以外の場所での代償運動が生じやすい。体の開きや上体優位の動きを引き起こすだけでなく、腰にも負担がかかりやすくなる。

　なぜ、股関節のつまりが腰に影響するかというと、股関節は体を回旋させるうえで重要な役割を担う。股関節のコンディションが悪い状態では、股関節ではなく、腰で体を回そうとしてしまうからだ。「腰を回せ！」と、指導の現場でよく耳にするが、本来、腰の骨は捻りではなく、前後の動きに適している。

図3-5

股関節のつまり感＝股関節のズレが生じている

股関節のハマりの悪さやつまり感
スクワットやランジでの違和感や痛み

**股関節を形成する大腿骨の頭の部分（大腿骨頭）が
前方に移動してしまっている
※わずかな変化ではあるが、その少しの変化が
様々な弊害につながる可能性がある**

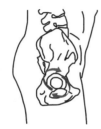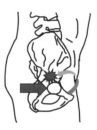

大腿骨頭が前方にずれることで関節の動き全体に影響を与える
**引っ掛かりやぶつかり・関節がうまく噛み合っていないことで
つまり感や違和感、痛みとなって股関節の前面に現れる**

図3-6

何が原因でズレが生じるのか?

● 筋バランスの崩れ(前ももや外側の筋肉の過剰な働き)

股関節の前面(大腿四頭筋や大腿筋膜張筋)と後面(殿筋群やハムや内転筋など) のバランスが崩れることで関節のズレが生じやすい

正常	股関節が前方にずれた状態
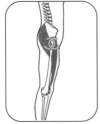	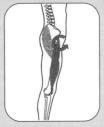
前面の筋肉と後面の筋肉のバランスが保たれている	前面の筋肉が引っ張りすぎているバランスが崩れ関節が前方にズレる後面の筋肉 (殿筋など) も緩み機能しにくくなる

■■■ 股関節の状態を常に把握する（図3-7）

　柔軟体操やストレッチをしても、可動域がなかなか改善しない、あるいは殿筋や内転筋の感覚が悪い投手は、股関節のポジションがずれている可能性がある。このような状態で練習やトレーニングをしても効果を得にくいだけでなく、股関節が使いにくくなることで上半身への負担が増え、ケガのリスクも高まってしまう。

　日常的な予防として、セルフコンディショニングをおすすめしたい。プロ野球選手に限ったことではないかもしれないが、体を強化するトレーニングに比べると、どうしてもケアの部分が疎かになりやすい。コンディションを整えることも、プロとしての大事な仕事になる。

　簡単なセルフケアのひとつに、ストレッチローラー（ストレッチポールでも可）を使い、太ももの前側や外側の筋肉をほぐす方法がある。大腿骨を前面に引っ張る筋肉をほぐし、緩めることによって、前面と後面のバランスを整えていく。

　ただし、緩めるのはコンディショニングの第一歩であり、これで終わってしまうと効果は薄い。前面の筋肉を緩めたあとには、後面の筋肉への刺激が必要不可欠となる。最初に紹介した股割りスクワットなどで、大殿筋群、ハムストリング、内転筋群に刺激を加え、後面を締めていくイメージだ（図3-8）。

　これらのセルフコンディショニングは、ウォーミングアップやトレーニング、ピッチングの前に行うことで、より股関節を意識した状態で練習に入ることができる。ケアの前後で、股関節のハマり具合がどの程度改善されているか、毎日チェックしてみるのもいいだろう。毎日行うことによって、股関節のコンディションに向き合うようになり、いつしかそれが習慣となっていくはずだ。

図3-7

股関節の状態を常に把握する

このような状態で練習やトレーニングを行っても
効果は得られにくい・ケガのリスクなども上がってしまう

※殿筋やハムが効きにくくい・より四頭筋が使われやすい状況

運動連鎖の崩れに伴うフォームの乱れ・パフォーマンスの低下
股関節が使いにくくなることで
上半身の負担が増え、ケガのリスクが上がってしまうなど
多くの問題が発生してしまう

さまざまな動作や動きの中心となる股関節
日々のトレーニングやパフォーマンスに
大きく影響を与える重要な関節のため
最低限のコンディショニングが必要不可欠となる！

図3-8

予防のためのコンディショニング

① **セルフリリース：前ももや外側の筋肉をほぐす**

大腿骨を前面に引っ張る・過剰に働く筋肉を緩める

緩めて終わりではなく
後面の筋肉への刺激が
必要不可欠

② **後面の筋肉（殿筋・ハム・内転筋など）に刺激を入れる**

大腿四頭筋や大腿筋膜張筋の優位な働きに注意
前面の筋肉を緩めて後面の筋肉を締める
W-UPやトレーニング前・プレー前に取り入れて
股関節のつまり・ハマり具合を改善をさせることで
より股関節を意識しやすくなり、効率の向上にもつながる

肩周りのトレーニング

■■■ 肩関節はバランスが崩れやすい

　ここからは、上半身のトレーニングを解説していきたい。

　最重要となるのが、ボールを投げる肩周り（肩関節）を鍛えるトレーニングである。

　肩関節は、股関節と同じ球関節であり自由度が高い。ただし、股関節ほどは靭帯が強くなく、関節同士のハマり具合も浅い。上腕骨頭が大きい代わりに、受け皿となる肩甲骨の関節窩が小さいのが特徴となる。ゴルフのティー台の上に、ゴルフボールが乗っているのをイメージしてもらえると、その構造がわかりやすいのではないだろうか。

　このことから言えるのは、「肩関節は非常に繊細であり、投球時に繰り返し負荷が加わることによって、肩関節のバランスは崩れやすい」ということだ。そもそも、人間の肩自体がモノを上から投げるような構造ではなく、オーバースローそのものが肩に負担をかけていることを知っておいたほうがいいだろう（猿はほとんどの場合、モノを下から投げている）。

　その中で、1試合に100球近くボールを投げ、1年間だけでなく、5年、10年、15年と投げ続けるのが投手というポジションである。野球を始めた子どもの頃から考えれば、30年以上投げている投手もいる。「商売道具」とも言える肩を痛めてしまえば、投手としての寿命が縮まるのは言うまでもないことだ。だからこそ、適切なトレーニングが必要となり、1試合100球以上の円運動に耐えられるだけの筋力が求めら

れる。

　一般的に、肩周りのトレーニングはチューブやダンベルを用いたもの
が知られているが、それだけでは足りない。大切なのは、肩関節のイン
ナーマッスルや肩甲骨周りの筋肉をバランス良く鍛えていくことであ
る。やみくもに重たい器具を使って、ボディビルダーのような肉体を手
に入れても、ボールを投げるパフォーマンスにはつながらず、ケガのリ
スクを高めかねない。繊細な関節ゆえに、どのような目的で取り組み、
どのような効果があるのかを理解したうえで、トレーニングに取り組む
必要がある。

■■■ 肩のインナーマッスルの役割

　少し専門的な話になるが、肩のインナーマッスルについてお話してお
きたい。知識として頭に入れておくことが、トレーニングの際にも必ず
役に立つはずだ。
　肩のインナーマッスルの重要な機能は、上腕骨と関節窩を適合させる
（関節の求心位）、つまりは関節と関節をうまく嚙合わせることにある。上
腕骨の骨頭が、関節窩の中心に収まっているか、ということだ。具体的
には、肩甲下筋、小円筋、棘下筋、棘上筋の４つのインナーマッスルが
しっかりと機能することが、肩関節の安定につながる。それぞれの筋肉
が働き合い、受け皿の中心に引き付けているようなイメージだ（図3-9）。
　腕を上げるときも、腕を回すときも、インナーマッスルが働き、関節
窩に骨頭を引き付けることで腕が抜けずにグルグルと回すことができ
る。腕を動かす動作において、肩関節が動くかぎりは、インナーマッス
ルは絶えず機能していることになる。特に、投球時は腕を速く強く振る
ために、肩関節には日常の動作とは比べられないほどの負荷がかかって
いる。

　インナーマッスルの筋バランスが崩れ、三角筋や大胸筋など表面の大きい筋肉（アウターマッスル）に骨が引っ張られると、骨同士のぶつかりや引っかかりが起き、炎症や痛みが生じてしまう。上腕骨の骨頭が求心位からずれていき、動きに違和感を覚えるだけでなく、ケガのリスクが高まることになる。一度は耳にしたことがあるかもしれないが、肩のインピンジメントは、肩を上げ下げする際に骨同士が関節内でぶつかったり、挟まれたりすることで痛みを感じる症状である。

図3-9

肩関節の解剖：インナーマッスル

右肩後面
（小円筋・棘下筋）

右肩前面
（肩甲下筋）

肩甲下筋

小円筋

肩甲下筋
小円筋
肩甲下筋
棘下筋など
それぞれが
しっかりと
機能することで
関節の中心に
安定して
引きつけてくれる

■ インナーマッスルとアウターマッスルの関係性

「インナー」「アウター」という言葉をよく耳にすると思うが、選手に説明するときには、ドアの開閉動作を例えにしていた。蝶番の構造を思い浮かべてほしい。柱や壁に蝶番を付けるときには、必ずネジで強く締める工程が必要になる。このネジが緩ければ、ドアを開け閉めしているうちに、蝶番が壊れていくことになる。

　体の構造で考えると、蝶番のネジの部分がインナーマッスルで、ドアがアウターマッスルになる。インナーが弱い（緩い）状態で、大胸筋や

三角筋、広背筋などのアウターをガンガン鍛えていっても、土台が不安定なために出力を発揮できないだけでなく、ケガのリスクも高まる。

　よく、関節の可動範囲を表す言葉に「柔軟性」が使われるが、「柔らかければオッケー」というものではない。いくら、可動域が広くても、それがパフォーマンスアップにつながらなければ、意味がないのだ。

　肩甲骨の機能を表すのであれば、「安定性」と「可動性」という表現のほうが適切だろう。肩関節のインナーマッスルが働き、正しいポジションにはまっていることで、アウターマッスルが力を発揮できる。インナーもアウターも両方をバランスよく鍛えていくことが、パフォーマンスの向上につながっていく。

■■■ 求心位を保つカギは「圧縮」と「牽引」

　では、どんなトレーニングが必要になるか。

　私が重要視するのは、腕立て伏せと懸垂の2つだ（チューブなどを使ったインナーマッスルを鍛えるトレーニングも当然必要）。

　肩関節を安定させるためのキーワードは、「圧縮」と「牽引」にある。肩甲骨に対して、適切に圧縮、もしくは牽引の負荷をかけることで、インナーマッスルを中心にした肩周りの筋肉が反射的に活動して、関節内の位置関係を正そうとする機能が働く。これにより、関節と関節のバランスを保つことができるのだ。

　腕立て伏せは地面に対する圧縮ストレス、懸垂は腕が引っ張られることによる牽引ストレスがかかる。圧縮と牽引の負荷を加え、肩周りの筋肉を活動させながら、肩の強化と安定を手に入れることができる。

1　腕立て伏せ

■ 圧縮ストレスに対する肩関節の安定

肩甲骨から地面を押すイメージ　　　　　肩甲骨を寄せる／ヒジを曲げる／肩を水平外転していく（少し）

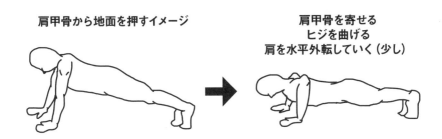

狙い

　圧縮ストレスを加えた状態で、インナーマッスルと前鋸筋（肩甲骨の裏と肋骨の間にある筋肉）の協調的な動きを養うことで、肩甲骨のポジショニングを安定させる。肩甲骨のポジションが決まることで、最大外旋〜ボールリリース〜フォロースローと、腕（上腕骨）がしっかりと振れるようになる。

　前鋸筋は、肩甲骨の動きやポジションをコントロールするうえで重要な筋肉であり、主にプッシュ動作で機能する。肩を動かす際にも、肩甲骨の動きをコントロールして、関節と関節がずれないようにうまくバランスを取る役割を担う。前鋸筋の機能が低下すると、肩を動かした際に肩甲骨の動きが乱れ、上腕骨と肩甲骨のバランスが崩れる。その結果、肩関節の動きの制限や、ケガの要因を引き起こしやすい。

①ヒジを伸ばしたスタート姿勢では腹圧を高め、顔は上げずに床を見る

②お尻を締めた状態を保ち、頭から足先まで真っすぐの姿勢を意識する

③ヒジを曲げるときは、肩甲骨の内転（肩甲骨を寄せる）とヒジの屈曲を同じタイミングで行う

④地面を押すときは、ヒジではなく、肩甲骨からプッシュ

（押すことで、前鋸筋に刺激が加わる）

⑤肩関節が内旋しないように注意

（手の親指が下方向に向き、ヒジが体の外側に出た状態では、前鋸筋が効きにくくなるとともに、肩への過剰なストレスにつながる）

　大きなポイントは③で、肩甲骨を内に寄せる動きとヒジを曲げる動きを同時に行うこと。肩甲骨を先に寄せたあとに、ヒジを曲げようとすると、肩の前面に痛みが出やすいので注意。

　前鋸筋は、④に書いたように肩甲骨で地面をプッシュすることで刺激を入れることができる。肩周りのケガをする投手は、前鋸筋が機能していないことが多く、本来は背中にくっ付いているべき肩甲骨が、背中から浮き上がってしまっている（翼状肩甲ともよばれる）。この状態で投球動作を繰り返すと、関節同士がぶつかり合い、炎症が起きやすくなってしまう。

【ベンチプレスと腕立て伏せの違い】

　トレーニング要素としては、腕立て伏せに近い意味合いを持つのがベ

ンチプレスだ。重たい器具を持つことで、体を鍛えている実感を持ちやすいが、気を付けておきたいポイントもある。

　腕立て伏せは、手を地面に着くために動きの方向が固定されるが、ベンチプレスは、シャフトを空中に浮かす分、動きの方向が固定されにくい。かつ、ベンチに背中が着いているため、肩甲骨の動きにどうしても制限がかかってしまう。腕立て伏せのように、前鋸筋を働かせて、肩甲骨のポジショニングを安定させることが難しい。肩関節の前面のみで、固定されていない過剰な重さのシャフトをコントロールするため、肩の前方に過剰なストレスもかかりやすい。

　ベンチプレスを取り入れるのであれば、まずは腕立て伏せで自分の体重をコントロールできていることが、前提条件となる。そのうえで、肩甲骨の動きが制限されていることを理解し、シャフトをうまくコントロールできる重さで行いたい。仮に、胸筋を鍛える目的でやるのであれば構わないが、前鋸筋に対して胸筋が強くなることで、筋肉のバランスが崩れ、投球障害につながるリスクがあることも知っておきたい。

2 懸 垂

■ 牽引ストレスをコントロールする

　投球時には1球投げるたびに、肩関節に牽引のストレス（遠心力）が加わっている。しかも、瞬間的にかなり大きな負荷が加わることになる。この負荷に耐えるため、懸垂で肩甲骨から背中、肩周りの筋肉を使って、肩甲骨と上腕骨の動きを作り出す。遠心力に対抗できるインナーマッスルがなければ、関節窩から骨頭がずれ、肩周りや肘関節の障害を招きかねない。

ポイント

①腕ではなく、肩甲骨に意識を置く

②肩甲骨を使って、バーに胸を近づける

③逆手ではなく順手で行う

（リリース時は順手のため）

④両手の幅は投球時の角度を意識

（特に利き手）

⑤アゴが上がると脊柱のアライメントが崩れるので注意

⑥体幹の力が抜けないように、腹筋に力を入れた状態をキープ

　腕を振る動作は、自分自身が思っている以上に、強い遠心力がかかっている。肩のインナーマッスルは、関節の求心位を保つために常に機能している。この力に拮抗できるだけの筋力を養わなければ、投手として長く活躍することはできない。懸垂のポジションは、投球時に肩にかかるストレスを再現していることになる。

　また、前述したように、人間の体の構造を考えると、手を肩よりも上げた状態で力を発揮することは得意ではない。たとえば握力を測定するときに、腕は下を向いている。腕を上げて握力を測定する人などいないはずだ。それでも、野球においては必要不可欠な動作と考えると、手を上げた状態でトレーニングをすることが、投げるための筋肉を鍛えることにつながっていく。その点からも、懸垂はおすすめのトレーニングとなる。姿勢が崩れると効果が薄れるので、①〜⑥のポイントを保てる回数で行うこと。

【肩甲骨から腕を動かす】

　腕立て伏せにも懸垂にも共通しているのは、「肩甲骨から腕（肩）を動かす」であり、この動きが投球動作にもつながっていく。

腕の骨（上腕骨）は肩甲骨と連動しているため、肩を横に上げるときには、肩だけでなく、肩甲骨も同時に動かなければいけない。腕を2度上げるとき、肩甲骨は上方回旋に1度傾く。「肩甲上腕リズム」とも呼ばれ、肩甲骨と上腕骨は常に一体となって動く。しかし、肩甲骨の動きが悪い選手は、肩だけで上げることになり、肩の腱板損傷などを引き起こす原因となってしまう。

　テイクバックからトップに入るときに、肩だけで利き手を動かそうとする投手は、どうしても肩を痛めやすい。背中の後ろにまで手が入る投手がいるが、肩甲骨から引いているか、肩関節だけで引こうとしているかは大きな違いがある。肩だけで動かすことによって、上腕骨の骨頭が、関節窩からずれやすくなる。

　前田健太投手がウォーミングアップで行っている「マエケン体操」は、肩甲骨から腕を動かす意識を養うのに、おすすめのエクササイズである。また、うつ伏せの体勢から、両方の肩甲骨を使って、T、Y、Wのポーズをキープするのも、肩関節の正しいポジションを覚え込ませるのにもおすすめとなる。

図3-10

障害予防のための懸垂のトレーニング効果

懸垂によって牽引ストレスに耐える筋力を養う
→投球時に加わる遠心力による負荷に耐えるベース

■■■■「加速と減速の理論」を知る

　これまでの話にもつながる、「加速と減速の理論」について紹介しておきたい。簡単に言えば、「どれだけ腕を速く振ろうとしても、減速できる筋力がなくては、加速することはできない」ということだ。加速させる筋肉、減速させる筋肉、そして関節を安定させて動作の支点を作る筋肉、これらを総合的に鍛える必要がある。

　具体的に解説すると、投球時において加速の役割を持つのは、大胸筋や肩の前面の筋肉となる。速い球を投げたいと思うあまりに、この前面の筋肉を鍛えたがる投手が多いが、じつは投球動作を繰り返すことで、十分な刺激が入っている。

　ここを理解せずに、ベンチプレスやアームカールなどに取り組みすぎると、大胸筋や肩の前面の筋肉が過剰に収縮し、肩が前方に引っ張られ、丸まったような姿勢になりやすい。その結果、肩関節のポジションがずれ、ケガや痛みを引き起こしかねない。決して、ウエイトトレーニングを否定しているわけではなく、目的とともに、他のトレーニングとのバランスを考えてほしい、ということだ。

　一方で、投球時に減速の役割を持つのは、広背筋や肩甲骨周りなど背中の筋肉、三角筋の後部繊維なども減速させる筋肉として作用している。懸垂をはじめとした背中のトレーニングや、上腕三頭筋の収縮を意識したトレーニング、カイザーのケーブルローイングなどを用いた逆再生トレーニング（図3-11）も効果的となる。トップからフォロースルーまでの動きを逆再生することで、背中周りの筋肉に刺激を加えることができる。広背筋に関しては、背中の大きな筋肉であるため投球のフェーズと筋の繊維方向によっては加速させる筋肉にもなり、減速させる筋肉にもなる。

3つ目の投球時に支点となるのが、これまで紹介してきた肩のインナーマッスルや肩甲骨周りの筋肉（菱形筋、前鋸筋、僧帽筋、大円筋、広背筋など）で、腕を力強く振るためには欠かせない。下半身で考えると、踏み込み足の殿筋やハムストリング、内転筋なども、投球動作全体を考えたときには支点（軸）となる働きを担う。踏み込み足が軸となり、体幹から上半身へ回旋運動が引き起こされていく。
　インナートレーニングはもちろんのこと、腕立て伏せや懸垂など、さまざまな負荷が加わった状態で肩関節のトレーニングを行うことで、腕を強く振るための支点となる筋肉が鍛えられる。

図3-11

カイザーのケーブルローイングなどを用いた逆再生トレーニング

第 4 章

投手が
走る意味は
どこにあるのか？

「LSD」「インターバル」「ダッシュ」の目的と効果を
理解することで、走る意味がより深くわかる。走る
ことなくして、進化なし。

投手が走る意味は
どこにあるのか？

■■■ 走ることは体力の強化につながる

　近年、投手の「走り込み」について議論が交わされるようになった。「短距離は意味があるが、長い距離を走る意味はないのでは？」「走るよりも、スクワットをしたほうが、効率的に下半身を鍛えることができるのでは？」「走ったからといって、球が速くなるわけはないのでは？」など、人によってさまざまな考えを持っている。前提として、“ランニング”というのは筋肥大や筋出力を上げるなどの“下半身の筋力強化”を目的としたトレーニングとはまた別の目的があるということを頭に入れてほしい。

　そのうえで、私自身は、「走ることは大いに意味がある」と思っている。「走り込み」と書くと、受け取り方が変わってくるので、ここでは「ランニング」（短距離も長距離も、走ることすべてを含める）に置き換えるが、“走る”ということに対して目的を持ち、取り組みを続けてきたからこそ、47歳まで投げ抜くことができたと実感している。

　そこで、この第4章では、「投手はなぜ、走る必要があるのか？」を掘り下げていきたい。ただ、ここに記載することはあくまでも考えの一部であり、“絶対”ということはないということも理解したうえで読んでいただきたい。67ページで紹介したトレーニングピラミッドで考えると、ランニングは最下層に該当する基礎中の基礎であり、土台作りには欠かせないトレーニングと位置付けている。

　具体的にどんなことが身に付くのか。一番わかりやすいのが、「体力の向上」だ。

・シーズンを戦い抜くための体力

・試合終盤、シーズン終盤でパフォーマンスを維持する体力

・疲労状態やケガから早く回復（リカバリー）するための体力

・反復練習をするための体力

　これらの体力があるからこそ、シーズンを通して戦い抜くことができる。疲労からの回復も早いため、投球フォームの崩れを防ぐことができる。結果として、パフォーマンスの向上・維持、故障予防につながっていくという流れだ。

　さらに、体力をもっと突き詰めて、生理学的観点から見ると、次のようになる。

　1．心肺機能の向上

　2．エネルギー効率の向上

　3．疲労物質の除去能力（乳酸緩衝能力など）の向上

　4．毛細血管の増加・血液循環機能の向上

　5．ミトコンドリアの活性化・増加など

　頭に「？」が浮かぶ読者もいると思うので、本章で詳しく解説していきたい。

■■■ ランニングは大きく分けて3種類

　そもそも、「ランニング」と一口に言っても、距離や方法によって、その目的は変わっていく。走る意味を知るには、ランニングの種類を理解しておくことが重要であり、大きく分けると次の3つに分類することができる。

・LSD（Long Slow Distance）

マラソンに代表されるようなインターバル無しで長い距離を走り続けるメニュー

・インターバル（例）

　１００メートル14秒×10本（レスト１分）

　２００メートル30秒×10本（レスト３分）

　このようなダッシュとレストを組み合わせたメニュー

・ダッシュ

　30〜50メートル程度の距離の全力ダッシュ

　１本１本レストを十分に取ったうえで行う

　インターバルとの違いは、最初から最後まで１００パーセントの力で走り切ること

普段の練習や試合前のアップから、１００パーセントの力で走ることによって、「スピードリハーサル」を行うことができる。

　それぞれの目的や効果、注意点に関しては、図4-1にまとめているので、確認してもらいたい。そのうえで、ランニングの効果を細かく解説していく。

図4-1

それぞれのメニューの目的と効果・注意点

LSD	インターバル	ダッシュ
乳酸や疲労物質の除去 毛細血管の増加 酸素供給効率や 有酸素系エネルギー効率の 向上などが見込まれる 心拍数の管理が非常に大切 ダラダラと走るのではなく 最低でも120回/分以上で 30分〜行う	毛細血管の増加 酸素供給効率や有酸素系の エネルギー効率の向上 **ミトコンドリア活性・増加** などが見込まれる 心拍数を **最大心拍数の90%以上に** 設定するため かなり強度が高い →走り方(フォーム)など に注意をしなければ 下肢や腰などに痛みや故障 が起きてしまう可能性あり	筋力・筋持久力の向上 瞬発力の強化・養成 100%の力で走り切ることで 足の回転や股関節周囲の 筋肉への刺激につながる キレと呼ばれる動きの向上 →軸足の蹴りや股関節の 回旋などの動きの向上 ※スタートダッシュだけでなく トップスピードで走る **スピードリハーサル** 100%の力・速さで 普段の練習やアップで 取り組むことで 試合や本番でその動きが スムーズに発揮できる 逆に普段から100%の 動きをしなければ 動きは適応せず、 ケガのリスクも上がる

1.心肺機能の向上

■■■ 肺と心臓の適応が起きる

「走ることで、心肺機能を高めることができる」

　スポーツに関わる人であれば、一度は聞いたことがある話だろう。一般的には、中学生期に心肺機能が高まりやすく、この時期に持久系のトレーニングをすることで、体力の土台を作ることができる。

　では、「心肺機能の向上」とは具体的に何を示しているのか。これには、「肺の適応」と「心臓の適応・変化」の２つの側面がある。

【肺の適応】

　小中学校の勉強のおさらいになるが、肺は、呼吸によって空気中の酸素を体内に取り入れ、二酸化炭素を体外に排出する役割を担う。取り入れられた酸素は気管を通り、左右の肺に分かれ、最終的には肺胞に辿り着く。その肺胞で、取り込んだ酸素と、外に排出する二酸化炭素の交換を行う。LSDやインターバルをすることによって、次の２つの機能の向上が望める。

　・最大酸素摂取量の向上

　　一定時間（１分間）に体内に取り込んで使うことができる酸素の最大値のこと。多ければ多いほど、酸素供給機能が優れている。

　・一回換気量の向上

一回の呼吸で、肺胞が酸素を取り込み、二酸化炭素を排出する機能のこ

と。エネルギー供給（体内の循環）の効率化をはかることができる。

【心臓の適応・変化】

　LSDのような有酸素の低強度トレーニング（脈拍１２０〜１５０回／分）と、無酸素系の高強度トレーニング（90％VO２MAX＝最大酸素摂取量の90％）によって、心臓の適応・変化が起きる。

■■■ 有 酸 素 系

　心室の容積が増え、心筋の厚みは変わらない（心臓が肥大する）。酸素を運搬する血液をより多く心臓から吐出するために、大量の血液が心臓の左心室に流入し、強制的に血液を送り込むことで、心臓壁がストレッチされる。その結果、心臓の拍動ごとに多くの血液を取り込み、送り出すことができる。一回拍出量の増加につながる（図4-2）。

■■■ 無 酸 素 系

　心室の容積はそのままで、心筋が厚くなる。無酸素系の運動で、大きな力を発揮するためには、一瞬で全身に力強く血液を送る必要がある。その力強さに耐えようとして、より強靭な心筋へ適応していく。無酸素系では、心筋の働きによって、一回の拍出量が増加する。

　LSDとインターバルを組み合わせることで、心室の容積が増え、心筋の厚みが増す。どちらかひとつではなく、ともにバランスよく取り組むことで、心肺機能を高めることができる（図4-2）。

図4-2

インターバル系の TR. （無酸素系）	LSD のような長距離系 TR. （有酸素系）
心室の容積はそのまま 心筋が厚くなる ↓ 無酸素系の運動で大きな力を 発揮するために一瞬で 全身に力強く血液を送る。 その力強さに耐えるために より強靭な心筋へ適応 ※ウエイトトレーニングなどでも 同様の適応が起こる	心室の容積が増える 心筋の厚みはそのまま ↓ 長時間有酸素運動を続けるには 全身の酸素供給が多いほど有利 酸素を運搬する血液をより多く 心臓から吐出するために 心室の容積が増える （心拍出量の増加）

2.エネルギー効率の向上

■■■ エネルギーはATPによって供給される

「エネルギー効率の向上」

　何となくわかるようで、わからない表現だと思うが……、人間のエネルギーは「ATP(アデノシン三リン酸)」という物質によって供給されている。体を動かすこと、ボールを投げること、姿勢を維持すること、言葉を喋ること、つまりはどんなに小さな部位や個所でも筋肉が収縮する際に必要となるエネルギーがATPである。酸素や体内に貯蔵されているグリコーゲンなどの物資を元に生成され、通称「生体エネルギーの通貨」とも呼ばれる。それだけ、すべての生命活動で利用されるというこ

とだ。

　このATPの供給量を増やすことは、運動におけるパフォーマンスの向上に大きく絡み合ってくる。ただし、体内に貯蔵されているATPの量は限られているため、運動を長い時間続けていくには、ATPの再合成や産生が必須となる。再合成、あるいは産生する経路は、主に無酸素系（「ATP—CP系」「解糖系（乳酸系）」）と有酸素系に分かれる（図4-3）。

　基礎知識として押さえておきたいのは、無酸素系はグリコーゲンなど体内に貯蔵されている物質を分解して、エネルギーを供給するのに対して、有酸素系は酸素を使って、エネルギー源を永遠に作り出そうとすることである。前者には限りがあるが、後者には限りがない、と言い換えることもできる。

図4-3

システム名	無酸素系		有酸素系
	AT-CP系	解糖系 （乳酸系）	有酸素系
エネルギー産生に 関わる物質	クレアチン リン酸	グルコース	糖質・脂質 タンパク質
運動の特徴	爆発的な運動	強度の高い運動	低強度 長時間続く運動
継続時間	約7.7秒	約33秒	酸素が 供給される限り
酸素の必要性	なし	なし	あり

■■■ 解糖系（無酸素系）と有酸素系のスイッチ

　野球という競技は、ベンチに座っている時間が長いため、持続的なエネルギー供給が必要ないようにも思われるが、決してそんなことはない。試合中のいかなるときも、エネルギー供給はされ続けている。ただ

し、インプレー中に１００パーセントの力発揮が必要なときもあれば、ベンチで頭と体を休めているときもあり、無酸素系（解糖系）と有酸素系のスイッチをどれだけスムーズにできるかが大切だと考える。

　素早い動き、反応、高強度の筋力発揮など、一瞬の動きや判断、力強い動きに必要とされる無酸素系のエネルギー供給は、持続可能時間に限界があり（おおよそ30〜40秒）、常に供給できるわけではない。それゆえに、無酸素系のエネルギーは、ここ一番の爆発的な力が必要なときに取っておきたい。

　しかし、エネルギー供給の土台となる有酸素系の能力が弱いと、体のバテが早く起きてしまい、それを補うために、解糖系のエネルギーを使わざるをえなくなる。言い換えれば、有酸素系のエネルギー供給が不十分であればあるほど、無酸素系に頼る割合が増え、解糖系の回路から抜け出すことができなくなってしまうのだ。その結果、試合後半やハードな場面でのエネルギー不足、疲労、筋力の低下、集中力を欠いてしまうなど、素早い動きや一瞬の判断の遅れが起きることになる。

　野球選手は短いダッシュが重要と言われているが、それだけでは足りず、LSDやインターバルで有酸素系のエネルギー供給機構を鍛えることも重要となる。

3.疲労物質の除去
（乳酸緩衝能力の向上）

■■■ 乳酸とは何か？

　８００メートルや1500メートルの中距離を走ると、「乳酸が溜まり、足の動きが悪くなる」といった話を聞いたことがあるだろう。インターバル走でも同様の現象が起こりやすい。

　そもそも、この乳酸は、無酸素系のエネルギー供給を作り出すときに、グリコーゲンなどの糖質を分解した代謝産物として生まれる物質である。

　「乳酸＝疲労物質」と考えられることが多いが、「直接的な疲労物質ではない」という話が近年の研究で明らかになってきている。乳酸が疲労とつながる理由は、乳酸が代謝される過程で一緒に水素イオンが発生し、生体内のＰＨ値（酸性かアルカリ性か、その度合いを表す数値）が酸性に傾き、その結果、疲労感や倦怠感、筋収縮機能やエネルギー供給の阻害を起こし、循環器や運動パフォーマンスへの悪影響を及ぼしてしまうという考えである（図4-4）。

■■■ 乳酸を緩衝する

　そこで、キーワードとなるのが「乳酸緩衝能力」である。聞き慣れない言葉だと思うが、乳酸が発生し「体が酸性に傾いたときに、中和できる能力」と定義できる。中和する役割を担うのが、重炭酸イオンだ。体

図4-4

乳酸について

システム名	無酸素系		有酸素系
	AT-CP系	解糖系（乳酸系）	有酸素系
エネルギー産生に関わる物質	クレアチン リン酸	グルコース	糖質・脂質タンパク質
運動の特徴	爆発的な運動	強度の高い運動	低強度長時間続く運動
継続時間	約7.7秒	約33秒	酸素が供給される限り
酸素の必要性	なし	なし	あり

グリコーゲンなどの糖質を分解してエネルギーを生み出す
→その代謝産物として最終的に乳酸が生まれる

内の重炭酸イオンが発生した水素イオンと結合し、乳酸がエネルギーとして代謝されていくことで、体内のph値を中性に保つ・戻すことで運動を継続させることができるという考えである。

　陸上の400メートル走では、こんな研究もある。

「300メートル走ったあとの、残り100メートルのスピードは、重炭酸イオンの残量に相関する」

　力を振り絞ったり、疲労を感じている状態でも力を発揮し続けるためには、こういった緩衝能力を養成しておくことも、長いシーズンを戦い抜くうえで必要なことではないだろうか?

　日頃のトレーニングで、重炭酸イオンを活性化させるには、インターバル走がおすすめだ。高強度のトレーニングを行うことで、体内に乳酸と水素イオンが発生する。体はかなりきつい状態だが、ここでもうひと踏ん張りすることで、重炭酸イオンの活性化を促し、緩衝能力を高めることができるという仕組みである（図4-5）。

図4-5

乳酸緩衝能力の向上

緩衝能力とは

体が酸性に傾いたときに中和できる能力

生体内の
重炭酸イオン（HCO_3^-）が水素イオン（H^+）を
緩衝する（$HCO_3^- + H^+ \rightarrow H_2O + CO_2$）

重炭酸イオン
（HCO_3^-）

乳酸
水素イオン

疲労状態においても運動を
持続させることができる能力

４．ミトコンドリアの活性化・増加

■■■ ミトコンドリア＝エネルギーの生産工場

　今お話した乳酸は、体内でエネルギー源として活用することもできる。そのために必要なのが、ミトコンドリアの存在である。

　ミトコンドリアは「エネルギーの生産工場」とも呼ばれ、乳酸の除去や乳酸をエネルギーとして活用し、疲れにくい体の土台、疲労状態から

の素早い回復を担う。反復練習に取り組むとともに、長いシーズンを戦い抜くためには、このミトコンドリアの増加が非常に重要なポイントとなる。ミトコンドリアの働きが追い付かないことで乳酸が残り、疲労状態から抜け出せず、エネルギーの供給が不十分となり、後半のバテや集中力の欠如、疲労感が続きやすくなる（図4-6）。

図4-6

ミトコンドリアはエネルギーの生産工場

疲れにくい体の土台
疲労状態からの素早い回復
乳酸をエネルギーとして活用してくれる
効率の良いエネルギー生産など

シーズンを戦い抜くために・反復練習をするために
このミトコンドリアの増加がかなり重要なポイント

ミトコンドリアの働きが追いつかないことで
疲労状態から抜け出せない
エネルギーの供給が不十分になる
→後半のバテや集中力の欠如・疲労感が続いてしまう

■■■ミトコンドリアの増加は強度設定がカギ

では、ミトコンドリアを増やすには、どのようなトレーニングが必要となるか。

カギを握るのは、"強度設定"と考えられている。

具体的に言えば、最大心拍数の90パーセント以上の心拍数を保った

トレーニングを行う必要がある。ひとつの目安として「２２０−年齢」で考えることができ、25歳であれば、１９５が最大心拍数となる。

　トレーニング方法としておすすめしたいのは、２００メートル（30秒〜32秒設定／レスト４分）×４〜６本のインターバル走で、強度はかなり高いが、週に３回ほど行うことで、ミトコンドリアの増加が見込まれる。私は１月の自主トレで、200メートル×５本をベースにエンドレスで行っていた。5本走り終えるとセット間のインターバルでアウフバウを入れる。"エンドレス"というのは当時オフシーズンにトレーニングを見て頂いていた筑波大学の白木仁先生が"フォームが崩れている""走りのバランスが悪い"と感じたタイミングでやめていたということである。

　２００メートル1本は30秒以内で走り、折り返して２００メートルをジョギングしてスタートラインに戻る。このジョギングの際の心拍数が150以下にならないように設定をし、取り組んできた。

　１本走り終わったあとに、自分の手で脈拍を10秒間計測し、それを6倍すれば、ある程度の目安がわかる。息が切れた中でやるのはなかなかきついことだが、それぐらい心拍数の管理は重要になるのだ。

　ただし、基礎的な体力がない投手がいきなりこのメニューをやると、ケガや故障のリスクも伴うので注意が必要だ。心拍数を管理したうえで、距離や時間を調整して、徐々に強度を上げていくように計画を立ててほしい。プロのレベルでも、２００メートル×２本で限界に近付く投手がじつは多い。

　たとえば、70〜１００メートルの距離を10〜15秒設定にし、２分のレストで軽いジョギングでつなぐのも、最初のステップとしてはおすすめだ。心拍数を高い状態のまま保つなど、自分の能力に見合ったトレーニング方法を見つけ出してほしい（図4-7、4-8）。

図4-7

ミトコンドリアを増やす

ミトコンドリアを増やすために必要ためには
"強度設定"が重要となる

高強度インターバルトレーニング

心拍数が最大心拍数の90%以上の
トレーニングを行う必要がある
（最大心拍数の目安:220－年齢）

例：25歳の場合、220－25＝195が最大心拍数となり
195×0.9＝の175.5以上が90%以上の心拍数となる
※あくまで目安

図4-8

具体的なトレーニング方法

200m（30秒から32秒設定）×4〜6セット

レスト:4分

強度はかなり高いがこれを週に3回行うことで

ミトコンドリアの増加が見込まれる

 ## いきなりこのメニューを行うことで
ケガや故障のリスクも伴う

心拍数の管理のもと距離や時間を調整して

徐々に強度を上げていくように計画を立てる

70m〜100mの距離を10秒〜15秒に設定して

レストを短くする・ジョグでつなぐなど

心拍数を高い状態で保つこと・メリハリをつけるなどの

工夫次第で自分の能力に見合った段階上げを行っていく

■■■ マ ウ ン ド 上 の 心 拍 数 を 意 識 す る

　インターバル走で心拍数を上げることは、じつは試合のピッチングにもつながっていく。

　投手がマウンドに上がったとき、心拍数がどれぐらいまで上がるか、知っているだろうか。投手の試合時の心拍数に関する研究もあるが、マウンドに上がるだけで１４０ぐらいになり、投げ始めると１６０近くにまで上昇する。おそらく、勝負所のピンチになれば、もっと上がっていくだろう。

　１６０前後の心拍数の中で、脳に酸素を行き届かせ、集中力を保ち続ける。インターバルは、その学習にもつながるのではないだろうか。

トレーニングはすべて実際にマウンドに立ったときのことを想定して行う。たとえばインターバル走は
マウンド上の心拍数を意識することで、より実践的なトレーニングになる

５．毛 細 血 管 の 増 加

■■■ 関節周りや靭帯周辺は毛細血管量が少ない

　運動時は、全身の筋肉・細胞が酸素を求めるため、体の適応として、全身の毛細血管が増加する。毛細血管が増えることで、「全身に酸素が行き届きやすくなる」、「エネルギーの生産効率が上がる」（酸素はエネルギーのもと）、「疲労物質の除去がスムーズになる」（酸素供給）、「障害の予防につながる」という、いくつものプラス要素が生まれる。

　関節周りや靭帯周辺はただでさえ血管量が少ない部分のため、関節周りの疲労物質が除去されにくい状況にある。疲労が溜まり、関節周りの筋肉が硬くなることで、周囲の靭帯や腱にダイレクトに負荷が加わり、それが肩やヒジ周りの障害につながってしまう。

　特に、ボールを投げる動作は肩やヒジ周りへの負荷が強く、投球の度に、毛細血管は損傷する。肩やヒジを休ませたからといって、毛細血管が修復されることはなく、自らトレーニングすることでしか、修復させることはできないのだ。

　具体的なトレーニングとしては、インターバル走などの高強度のトレーニングはもちろん、LSD系の長距離走でも、毛細血管の増加を促すことができる。LSDであれば、１分間で１２０〜１５０回の心拍数を保ち、30〜40分間走るのが望ましい。

　ソフトバンクの投手陣（特に、次戦まで登板間隔が空く先発投手）には登板翌日に、軽めのランニングを入れることを勧めていた。乳酸をエネルギー

源として利用し、除去するとともに、毛細血管を新しく作り直していく
狙いがある。シーズン中に強度の高いインターバルを行うことは難しい
ため、体のコンディションを整える意図で、ＬＳＤを積極的に増やして
いく。

ランニングをしなくても 体力は養われる?

■■■ バイクやエルゴメーターの注意点

　ここまで読み進める中で、もしかしたら、「ランニングではなくて、
トレーニングジムにあるバイクや、エルゴメーターでも体力を養うこと
ができる。わざわざ、外を走らなくてもいいのでは?」と思った読者も
いるかもしれない。たしかに、体力強化だけであれば、代用することは
できるだろう。しかし、ランニングとバイク（またはエルゴメーター）には
決定的な違いがある。

　イスに座り続けることで、殿筋が圧迫されるとともに、ペダルを押し
込もうとすることで大腿四頭筋にストレスがかかりやすい。それによっ
て、太ももの筋バランスや股関節のポジショニングが崩れてしまうこと
が考えられる。

　心拍数の維持の難しさも違いのひとつだ。たとえば、LSDと同様に
１２０〜１５０回の心拍数を保ちながら30分もバイクを漕ぐのは難易
度が高い。気が付いたら、１１０回に落ちていたりする。

　エルゴメーターは殿筋と大腿四頭筋の負荷だけでなく、野球選手の場

合は手に持ったハンドルを引くことを強調しがちで、広背筋に過度な緊張がかかることが多い。広背筋が硬くなり、肋骨のポジショニングがずれ、腹斜筋の肉離れのリスクが高まることがある。

　さらに言えば、野球という競技がどういうスポーツなのかを考える必要がある。投手は、左右非対称の動きが主で、どうしてもバランスが崩れていきやすい。ランニングは、人間の基本動作である左右対称に体を動かし、股関節を中心に全身を連動させ、前方への推進力を養う動きとなる。走ることでバランスを整えていくことが、コンディショニングにおいても大切だと思っている。

　もちろん、ランニングも万能のトレーニングではなく、ケガのリスクが伴う。もっとも気を付けてほしいのが、走りのフォームである。腰が抜けたままの姿勢（反り腰や腹圧が抜けた状態）で、走る量が増えていくと、腰痛のリスクが高くなる。

　また、足が後ろに流れるようなフォームで走り続けたり、柔軟性が欠如した状態でランニング量が増えたりすると、太ももの肉離れや、腱などの組織の炎症も起こりやすくなる。

　ランニングにもバイクにもエルゴメーターにも、一長一短があるということだ。それを十分に理解したうえで、トレーニングに取り組んでほしい。

■■■ 速筋と遅筋のバランス

　選手たちにランニングの話をすると、こんな質問を受けることがある。
「長い距離を走ること（LSD）で遅筋が発達して、瞬発力が必要なピッチングに悪影響は出ないのでしょうか？」
　心配になる気持ちもわかるが、私はほとんど関係ないと考えている。

石井直方先生（東大）も紹介しているある研究では、オリンピックの投擲選手など、爆発的な力が求められる選手の筋肉繊維を調べると、じつは「遅筋繊維の割合の方が多い」というデータも出ている。技術習得のために、反復練習を日々繰り返すことによって、自然に遅筋繊維の割合が増えていくと考えられる。だからといって、投擲の距離が落ちるわけではない。

　そもそも、投手は常に１００パーセントの力で投げ続けるのではなく、コントロールも考えながら、力を調整している。そこを踏まえても、遅筋や速筋の割合などは、投手においてはさほど深くは関係していないと見るのが妥当だろう。

　当然、爆発的な力を養うことは大事であるが、動作を繰り返し反復できる筋持久力の養成も同じように重要だと考えている。仮に、速筋繊維が遅筋繊維にシフトしたとしても、投球のパフォーマンスが低下する可能性は低いと考えられる。現状、遅筋繊維の割合が増えたことで、球速であったり、投球に関するパフォーマンスが低下したというデータや研究、エビデンスというものは出ていない。

【体に起こる適応は複合的なもの】

　もうひとつ、現役の投手からこんな意見があがることがある。

「LSDのような長時間で低強度のトレーニングは、瞬発系のパフォーマンスを低下させるのでは？」

　長距離走を取り入れることで瞬間的な筋出力が落ちるのではないか……ということである。確かに、ある論文ではメニューの中に長時間のランニングを取り入れている選手のほうが下肢の筋肥大率が低下したり、ジャンプ能力の増加率が他のグループよりも低かったと発表している。

　しかし、この結果や情報だけで判断してしまっていいのだろうか。

　なぜなら、体で起こる適応は、ひとつのトレーニングだけでなく、自らが実践しているすべてのトレーニングが基になるからだ。心肺機能（心臓・血液循環・ミトコンドリアなど）、筋力（最大筋力・筋持久力・瞬間的なパワー）、柔軟性、可動域など、競技パフォーマンスを構成する身体要素は非常に多い。

　すなわち、どれかひとつだけに力を注ぐのではなく、すべてをバランスよく鍛えることが、お互いの相乗効果を生み、トレーニング効果の向上や総合的なパフォーマンスアップにつながっていく。

　プロ野球という世界で活躍し続けるためには、どういった能力や要素が必要になってくるのか。

　筋肉の単純な大きさ、ジャンプの能力がそのままパフォーマンスに直結するのであれば、その能力を向上させるためのトレーニングを選択し、組み立てていく必要がある。

　しかし、プロとして長いシーズンを戦い抜く、何年もパフォーマンスを発揮し続けなければならない世界にいることを踏まえ、そのうえで何が必要なのか、どんなトレーニングを積まなければいけないのかを考えることが大切ではないだろうか。

第 5 章

オフシーズンと
シーズン中の
コンディショニング

プロで生き抜くには、オフシーズンの過ごし方が重要。春のシーズンインに向けて、自分なりの起こし方・鍛え方を確立していく。

オフシーズンの
取り組みと考え方

■■■ 30分のジョグで疲労物質を取り除く

　第1章と第2章でピッチングの基本的な理論、第3章でトレーニング
の必要性、第4章で投手が走る意味について解説してきた。これらの考
え方を踏まえたうえで、シーズンオフの過ごし方、シーズン中のコン
ディションの作り方を紹介していきたい。持っている力、身に付けた技
術を発揮するためにも、オフシーズンであれば次のシーズンに向けて、
シーズン中であれば次の登板に向けてどのように過ごすかが、重要なポ
イントとなる。

　プロ野球における1年間のサイクルを考えたとき、シーズンが終わっ
てからの秋季キャンプが翌年に向けたスタートとなる。実績のある主力
組は、シーズンの疲労を取るために軽い練習になることが多いが、ソフ
トバンクの投手陣には、30分の軽いジョギングを推奨していた（図5-1）。

　具体的に言えば、30分のジョギングを3セット。5〜6割のスピー
ド感でいいので、体を動かして、汗をかく。30分走ったら、ストレッ
チをして、また30分走る。当初は、「何で走るんですか？」と気持ち
が乗っていなかった投手もいたが、やり続けていくと、秋季キャンプが
終わった頃にはすっきりとした顔つきになり「体がこんなに軽くなるん
ですね。今からでも、シーズンに入れます！」と驚きの声があがるよう
になった。

　第4章で解説したとおり、走ることにより、全身の筋肉・細胞が酸素

を求め、疲労物質の除去がスムーズに行われるようになる。老廃物を外に出そうとしてくれるのだ。疲労が残っているからといって、何もせずに体を休めていると、筋肉や関節が硬くなり、余計な時間を要することにもつながりかねない。疲労を早く取るためにも、ジョギングは、ぜひおすすめしたい。

　そもそも、シーズン中の肉体疲労は1週間〜10日ほど完全に休めば、取れるものだ。疲れを感じるのは、じつは頭のほうで、精神的疲労がなかなか取れない。だからといって、家でジッとしていても何の解決にもならないので、ゆっくりでいいので体を起こしていく。シーズンが終わった瞬間に、次のシーズンが始まっていると思えば、のんびりしている時間がないことはわかるだろう。

　そう書いている私も、じつは25歳ぐらいまでは、シーズンが終わってから年が明けるまでは、ジョギングもほとんどせずに休んでいたことがある。1月初旬からランニングを始めても、2月の春季キャンプからすぐに投げられたのだ。それだけ、若いときは体力があり、体も元気だった。

　しかし、30歳が近付いてくると、そうはいかない。体力は確実に衰える。プロで長く活躍したいのであれば、オフこそ、自分に厳しく接しなければいけない。20代前半のうちからこの気持ちがあれば、また違った投手人生になっていたかもしれない。

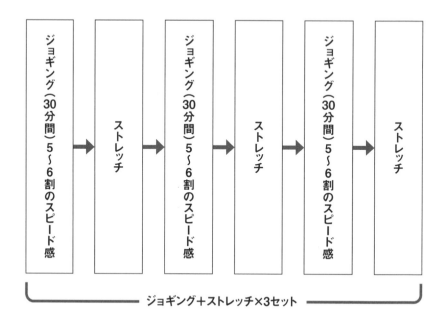

図5-1 オフシーズン（秋季キャンプ）に推奨したいジョギングメニュー

ジョギング（30分間）5〜6割のスピード感 → ストレッチ → ジョギング（30分間）5〜6割のスピード感 → ストレッチ → ジョギング（30分間）5〜6割のスピード感 → ストレッチ

ジョギング＋ストレッチ×3セット

■■■ シーズンオフこそ重要（図5-2、5-3）

　ソフトバンクでは、春季キャンプが始まる2月1日と2日に、トレーナーの元でさまざまな筋力や柔軟性の数値を計測し、選手たちの体の状態をチェックしていたこともあった（スクリーニングテストとよばれる）。

　その数値を見れば、自主トレでどれほどのメニューをこなしてきたかは見当がつく。前年に悔しい結果だったため、「今年こそは！」と高い強度でトレーニングをした選手もいれば、そうでない選手もいる。私は、秋季キャンプが終わった段階で、選手個々に向けたトレーニングメニューを渡すのだが、実際のところ、その取り組み度もまちまちである。

　毎年、投手陣には、「シーズンオフで体力が落ちると、キャンプでま

た上げていくのが大変になるよ。そこから上げていこうと思えば、今度
はシーズンに入ってから、体力の貯金を作るのが難しくなる。体力が落
ちてくることで、パフォーマンスはもちろん、コンディションも整いに
くくなり、ケガのリスクも高まってしまう恐れがある。長く活躍したい
と思うのなら、オフの期間が大事」と伝えていた。

　だが、プロの世界なので、やるかやらないかは自己責任。どれだけ早
く、オフの大事さに気付けるかどうか。これは、プロに限らず、高校生
や大学生にも言えることだろう。シーズンに入ってからがんばろう！
ではすでに遅く、万全な状態でシーズンを戦い抜くことはむずかしいだ
ろう。

図5-2　オフシーズンの間の取り組みが次のシーズンにつながる
この時期にシーズンを戦い抜くための土台をつくる。

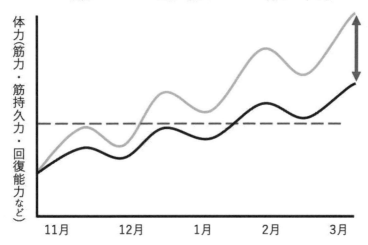

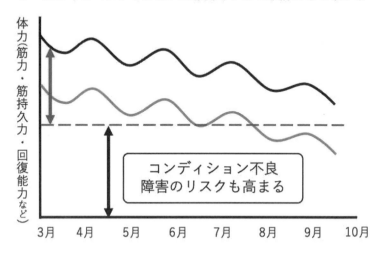

図 5-2

シーズンが始まる前にいかに体力の貯金を作ることができるか？
シーズン中のコンディションの維持やケガの予防にもつながる

体力（筋力・筋持久力・回復能力など）

コンディション不良
障害のリスクも高まる

3月　4月　5月　6月　7月　8月　9月　10月

キャンプインまでの体の作り方

■■■ 走りはLSD→インターバル→ダッシュの流れ

　私自身、自主トレのやり方が確立したのは、30歳を過ぎてからである。2月のキャンプに万全の状態で臨むには、どのようにしたらいいか。今までと同じやり方では体力的に厳しいことを、年々実感していた。

写真：産経新聞社

オフシーズンはキャンプインまでの間にランメニューをこなし、しっかりと体を仕上げていく

11月はじめまで、日本シリーズに出場していたと仮定した場合、1週間ほど体を休めてから、ジョギングで自主トレをスタートさせる。朝、早めに起きて、1日6〜8キロの距離を30〜40分間かけて走る。心肺機能の回復と向上、血流を良くすることで老廃物を外に出す目的があった。ソフトバンクの秋季キャンプと同じ狙いだ。11月はまだ、ボールは握らず、ジョギングがメインとなる。

　12月の中旬に入ると、ジョギングの量は少し減り、サーキットトレーニングに移る。心肺機能を高めることで、回復能力を向上させ練習に耐えられる体を作っていく。100〜120メートルを10本1セット（1本ずつのつなぎは軽いジョギング）として、6セットか7セット。8〜9割で走り、ジョグで戻り、8〜9割で走り、ジョグで戻るを繰り返すことで、高い心拍数の中で心肺に負荷をかけていく。とにかくきついが、自分のためだと思って、妥協せずにやるしかない。

　1月に入ってからもサーキットが中心で、鹿島アントラーズでプレーしていた秋田豊選手と自主トレをしたときには、「1キロダッシュ」という過酷なメニューがあり、1キロを3分半で走ったあと、3分半のレストを入れて、再び1キロを走る。これをおおよそ6本。秋田選手は1キロ3分ペースで、何度も走り抜いていて、サッカー選手の持久力には驚かされたものだ。

　こうして、走れる体力、筋力が付いてきたところで、30メートルや50メートルの短距離に切り替えて、今度は瞬発力を磨いていく。すなわち、LSD（ランニング）、インターバル、ダッシュと移行していく流れである。ただし、1月に入ってからLSDをまったくやらなくなるかというと、決してそんなことはない。LSDもインターバルもある程度の量を確保しながら、ダッシュ系を増やしていく。

　具体的に言えば、1月であってもLSDは週に5回、インターバルは2日に1回、ダッシュなどの瞬発系も2日に1回というように、長い距離

やインターバル走の時間はしっかりと作っていた。その中で、少しずつ瞬発系を入れていくというイメージで取り組んできた。

図5-4 シーズン終了〜キャンプインまでの流れ

11月1週目	日本シリーズ終了
11月3週目	ジョギング中心 1日6〜8キロの距離を40分〜1時間
12月中旬	サーキットトレーニング中心 100〜120メートル×10本＝1セット（1本ずつのつなぎは軽いジョギング）×6〜7セット
1月	サーキットトレーニング＋ダッシュ（30〜50メートル）

※メニューはLSD（ランニング）→インターバル→ダッシュと移行していくが、LSDも継続して行う

■■■ 股関節・体幹はセットで鍛える

　11月中旬からのＬＳＤで心肺機能を高めたあと、12月上旬頃からは自重、または器具を使ってのウエイトトレーニングを加えていく。11月からトレーニングをがっつり取り入れるというよりは、コンディションや体への負荷などを考慮し、まずはランニングで体力を戻してからとなる。12月は1週間に3〜4回、1月に入れば1週間に4回と、徐々に回数を増やし、負荷を上げていく。

　メニューの立て方は、走りと同じ流れで、持久系、筋力系、瞬発系と、体力種目からスピード種目に移行させながら、速く動ける筋力、体力を養うイメージだ。基本的には、走りも含めて3勤1休で、休みはしっかりと取る。ずっと負荷をかけ続けると、回復の時間を作れなくなってしまうだろう。

トレーニングのメニューは無数にあるが、股関節周り、体幹、肩周り、ヒジに分けて、考えるようにしていた。ランニングを行う日は、股関節周りと体幹も重点的に鍛えて、下半身に負荷をかける。足、股関節周り、体幹はすべて連動しているので、1セットで考えたほうが、トレーニングの効果が上がりやすいと考えていた。

　股関節周りのメニューとしては、第3章で紹介しているレッグランジ、フライングスプリットやアウフバウのほかに、ランジの形で前進するランジウォークなど多岐に渡った。その間にも、インターバル走を入れるなどして、徹底的に股関節周り、体幹を強化する。

　また、器具を使うメニューには、負荷と回数を変えたスクワットがある。60キロのバーベル×20回をスタートにして、70キロ×18回、80キロ×16回、90キロ×14回と、重量を10キロ増やすごとに回数を2回ずつ減らしていく。かなり負荷がかかるが、これぐらいのことをやらなければ、長いシーズンを乗り切るための貯金を作ることはできないと思い、取り組んでいた。

■■■ キャッチボールの仕上げは80メートル×200〜220球

　11月以降、まったくボールを投げないかとなると、決してそんなことはない。1〜2週間ほど、ジョギングで体力を戻したあとに、ボールを投げ始め、投げる体力、筋力を養っていく。

　20〜30メートルで肩を作ったあと、40〜50メートルの距離を80〜100球。並行して、ウエイトトレーニングで下半身や肩周りの筋肉を鍛え、1月の中旬からは、80メートルの距離を200〜220球。短い距離を投げるときと同じフォームで、同じ場所に足を踏み出す。遠くに投げようとするため、本能的に並進運動のスピードや勢いは速く、強くなっていくが、そうであっても、根本的なフォームは変えずに投げる。放物

線で狙ったところに投げられるようになれば、キャッチボールでやるべきことはほぼ終わり。キャンプで、ブルペンに入る準備ができたと言える（自主トレではブルペンに入らない）。

　80メートルのキャッチボールで、一番にチェックしていたのは、リズム・バランス・タイミングを体に染み込ませていくことだ。ボールを捕ったら投げる、捕ったら投げるのリズムを繰り返す。リズム良く投げていくうちに、リリースポイントが安定し、相手の胸にボールが収まるようになる。

　自主トレでは、若い投手をパートナーにすることが多かったが、200球も投げるのはまず無理なことだ。50球から80球で疲れてしまう。しかも、投げるボールがあちこちに散らばるので、捕球する私のほうもやりにくく、リズムが作りにくい。そのため、自分の近くにボールカゴを置いたり、近い距離からボールを渡してもらったりして、投げることだけに集中することが多かった。

　なぜ、80メートルの距離かというと、全身の力を使わなければ投げられないからだ。それに、ごまかしも利かない。手先だけでは絶対に投げられない。18.44メートルであれば、真っすぐの軌道でミットに吸い込まれるストレートも、距離が遠くなると、シュート回転が強くなりやすい。左投手であれば、自分の左方向にシュートしながら、垂れていく軌道となる。下半身から体幹、上半身にかけての運動連鎖がうまくいっていない証であり、私の場合は特に動きのバランスやリリースのタイミングが狂ってしまうことで、シュート回転してしまったり、リリースの力の入れ方、力を入れるタイミングが悪くなることで投球したボールが垂れてしまうこともあった。そのため、ボールの軌道を見ることで、フォームの状態を常にチェックするように心がけていた。

キャンプインから
シーズン開幕までの作り方

■■■ ブルペンで下半身を作る

　年齢によって、キャンプ期間中の投球数に違いはあるが、30歳の頃は2000球を目標にしていた。キャンプ初日にブルペンで２００球を投げたこともある。80メートル×200〜220球のキャッチボールを投げ切れる体力があれば、初日であっても、それだけの球数は投げられる計算があった。

　ただし、ブルペンでは傾斜がある分、下半身にかかる負荷がまったく変わってくるのだ。そのため、80メートル×200〜220球で肩や下半身の筋力を作ったとしても、ブルペンで投げ込まなければ、ピッチングにつながる筋力は絶対に身に付かない。キャンプの初期段階では、ボールの強さやコントロールは二の次で、「マウンドの傾斜に耐えられる下半身を作る」をテーマに置いていた。

　フォームを固め、リズム・バランス・タイミングを体に染み込ませ、意識をしなくても運動連鎖が上手くいくようにするには、ある程度のブルペンでの投球数が必要になる。そのためにも、前年の11月からキャンプインまでの過ごし方が重要になる。キャンプが始まってから、「さぁ、ランニングを始めるか」では遅いのだ。それに、心肺機能を高めておかなければ、疲労からの回復が遅くなり、トレーニングを積み重ねることもできなくなる。

　当然、キャンプ中も走る。特に力を入れるのがインターバル走で、

200メートルを30秒以内で走るメニューを20〜30本。体がもっとも動いていた時期は、股関節周辺を鍛えていたこともあってか、年々、足が速くなっている実感もあった。30秒設定の中でも、27秒前後で走りきれていた。

　高校生や大学生が、私と同じようなスケジュールで練習を行うことは、絶対に無理なことだろう。学校の授業があり、練習時間も違う。だから、「真似をしてほしい」とはまったく思わない。今はまだ体力的にも環境的にもできないとしても、トップのレベルを見据えながら、練習に取り組んでほしい。

■ 変化球の投げ方を筋肉に覚え込ませる

　シーズンによっては、春季キャンプで新しい変化球を習得する場合もある。キャンプの前半である程度の球数を投げられる下半身と肩周りの筋肉を作ったあとは、キャッチボールの段階から新しい球種を試し、ブルペンにつなげていく。

　仮に、タテのスライダーを覚えたいのであれば、まとまった球数を連続で投げて、リリースの感覚とともに、スライダーを投げるための筋肉や神経を体に覚え込ませていく。ストレートもスライダーもフォークもチェンジアップも、細かく見ていくと、使っている筋肉が違う。スライダーを投げるには、腕橈骨筋を鍛え、そこに意識が向くように神経を研ぎ澄ませる必要があるのだ。

　ただ、スライダーばかりをずっと投げるわけにもいかない。投手の生命線は、持ち球の中でもっとも速いストレートであり、このストレートを打者に意識付けできなければ、変化球の効果は薄れてしまう。ブルペンでも、ストレート3球、スライダー3球、ストレート3球、スライダー3球と交互に投げ分け、ストレートとの組み合わせの中で投げ切る

ことを覚えていく。基本的には、ストレートを投げるときがもっとも腕を速く振れるので、その腕の振りに変化球を合わせていくイメージである。

変化球を投じるときに、ヒジが下がったりする投手もいる。投手によっては腕の振りが緩んでしまい、それによってその瞬間に、打者には「次は変化球」と悟られるなど、マイナスの部分が多くなってしまう。さまざまな原因が考えられるが、一番は、「手先でコントロールしよう」としてしまうことだろう。「腕の振りを緩めたほうが、コントロールを付けやすい」と、投手は本能的に思っているものだ。変化球を投げるときでも、下半身から体幹、上半身にかけての運動連鎖を重視するのは同じことである。

■■■ 変化球は他球種に影響を及ぼしやすい

新しい球種を覚える取り組みは、リスクを伴うことも覚えておいたほうがいいだろう。スライダーを練習したことにより、タテに鋭く曲がっていたカーブがヨコ回転のカーブに変わるなど、何らかの副作用が生まれやすい。チェンジアップやツーシームをマスターした代わりに、フォーシームの腕の振りが緩くなったり、ヒジが下がったりする事例もある。

球種を増やしたい気持ちは十分によくわかるが、今持っている球種の活用法を増やすことでも、攻め幅を広げることができる。たとえば、左腕投手が右打者のインコースにスライダーを投じていたものを、アウトコースのボールゾーンからストライクゾーンに投げてみる。左打者に対しては、アウトコース一辺倒だったスライダーを、インコースのボールゾーンから曲げてみる。投げにくさを感じるのであれば、プレートを踏む位置を変えて、投手から見える視界を変えてみてもいいだろう。

　これは、ソフトバンクの一部の投手に話していたことだが、「9回2アウト満塁、フルカウントの場面で、自信を持って投げられる球種がいくつある？　ストレートだけなら勝負にならないよ」ということだ。自信を持つには、自ら練習を重ねていくしかない。

■■■ 覚えてはいけない変化球がある（図5-5）

　変化球について、もうひとつ付け加えておきたい。
「フォームのタイプによって、覚えないほうがいい変化球がある」
　さきほどの副作用につながる話である。
　投球フォームは大きく分けると、体をタテに使う「縦軸」と、ヨコに使う「横軸」の2つがあると思っている。たとえが古くて申し訳ないが、日本ハムで活躍した金石昭人投手は「縦軸」のわかりやすい例だ。長身のオーバースローに多いタイプと言える。
「横軸」は体の回旋を意識したタイプで、スリークォーターやサイドローが当てはまる。私自身は、「横軸」のタイプである。長身であっても体を横に使う例はあり、藤浪晋太郎投手はそのタイプとなる。
　例外ももちろんあるが、一般的には縦軸はタテのスライダーなど、タテ系の変化球を得意にし、横軸はヨコのスライダーやヨコのシュート系の変化を得意にする。ボールへの回転の掛けやすさを考えたときに、腕の振り方によって向き、不向きがあるのだと思っている。
　縦軸の投手が、横に滑るスライダーを覚えようとすると、本来その投手が持っていた良さが消えていくことがある。自分の腕の振りに合った変化球を選択することは、投手人生を伸ばすためにも非常に重要なポイントになる。

図5-5 **覚えてはいけない変化球**

「縦軸」の投手	「横軸」の投手
ヨコ曲がりのスライダー、ヨコ変化系のシュート	タテのスライダーなどのタテ変化系

先発投手の中6日の過ごし方

■ 登板が近づくにつれて短ダッシュを入れる

　シーズンに入ってからは、中5日あるいは中6日で先発ローテーションを回っていく。もっとも一般的な中6日を例にして、私が実践していたコンディションの整え方を紹介したい。(図5-6)

図5-6 先発投手の1週間の流れ(火曜ナイター先発の場合)

火曜日	30メートルダッシュ→登板
水曜日	ジョギング、ストレッチ、マッサージ
木曜日	オフ日
金曜日	PP走×10本
土曜日	半P走×10本
日曜日	30、50メートルダッシュ
月曜日	30、50メートルダッシュ

　たとえば、火曜日のナイターに先発した場合は、翌日の水曜日はジョギングとストレッチで血流を促進し、ピッチングによって硬くなった筋肉をマッサージでほぐしてもらう。筋肉が張っているからといって、ただ休んでいるだけでは逆に体の回復が遅れてしまうので、軽くでもいいので動いたほうがいい。

　木曜日は休みで、先発投手は翌々日がオフになることが多い。この日は完全にオフにして、心身を休ませる。金曜日からPP走（外野のフェンスに沿って、ポールからポールまでを走る）を10本入れて、心肺機能を戻し、土曜日は半P走（ポールからセンターまで）を10本。日曜日から、50メートルや30メートルの短ダッシュを入れていき、だんだんと距離を短くすることで、体のキレを上げていく狙いがある。

　登板日の火曜日は、30メートルのショートダッシュがメインになり、タイムも測ってもらう。自分のベストタイムに対して、どれぐらいの差があるかを知るためだ。想定タイムよりも遅い場合は、体がまだ動いてないと判断できる。その際は、ダッシュの本数を増やして、体のコンディションを上げるように努めていた。

「体のキレ」とは、非常に抽象的な表現であるが、私は股関節の回転の速さだと認識している。回転が速くなることで、筋出力を発揮しやすくなり、これが、投球時の回旋運動にもつながっていく。7割から8割のダッシュでは、股関節の回転はなかなか速くならないため、短い距離で全力を出せる20〜30メートル走が必要となるのだ。2本でも3本でもいいので、試合前日、あるいは試合当日に走っておきたい。ＬＳＤやインターバルとはまた違った効果が望めるだろう。

■ 遠投によって「運動連鎖」を染み込ませる

　投げることは、登板翌日の水曜日から、塁間程度の短い距離での

キャッチボールを行い、フォームのバランスを確認。金曜日から距離を少し広げ、土曜日からは50メートル、60メートル、70メートル、80メートルと、さらに距離を伸ばす。どうしても、対打者になるとコントロールを気にして、フォームが小さくなってしまうので、今一度、基本に立ち返って、下半身から体幹、上半身にかけての運動連鎖で"腕が振られる"ことを思い起こさせる。日曜日にブルペンに入り、フォームの確認をしながら、40〜50球を投じる。月曜日は軽めの練習で上がり、火曜日に臨む流れとなる。

　投手によっては、中6日の間にウエイトトレーニングを入れる場合もあるが、私は取り入れていなかった。シーズンオフのトレーニングで、ある程度の貯金を作れていたことと、シーズン中の筋力は投げることで維持できると考えていたからだ。もちろん、多少は落ちてしまうとは思うが、だからこそ、シーズンオフの取り組みが重要となる。

■■■ フォームの一部分だけを変えるのは危険

　1年間、ずっと良い状態で投げられることはまずない。どれほど一流の投手でも、体力的、精神的な疲労が溜まることによる、調子の波が必ず存在する。

　波を少なくするためにも、自分のチェックポイントを設けておくことをお勧めしたい。あまりに多いと、あれもこれもチェックしなければいけなくなり、頭でっかちになってしまうので、ひとつか2つに絞っておく。

　私の場合は、踏み込み足が着地したときの形をポイントに置いていた。突っ込みすぎていないか、または後ろに残りすぎていないか。捕手方向に突っ込みすぎていると、ヒジが上がってくる時間を作れずに、リリースでボールを押し出すようになってしまう。

　しかし、突っ込む動きを直すために、「軸足にしっかり溜めてから体重移動をしよう」と思い過ぎると、今度は後ろに残りすぎることが多い。「こっちを直したら、今度はこっちの動きが悪くなる」といった感じで、必ず副作用が出てくるのだ。しまいには、いろいろと修正をかけすぎて、自分のフォームそのものがバラバラになることもある。ツボにはまったときには、抜け出せなくなってしまうものだ。

　じつは、調子が良いときは、ほとんど何も考えていないで投げている。私の場合は、リズム・バランス・タイミングが噛み合い、オートマティックに動く域にまで達することがあった。ただそれも、ずっと続くわけではないのだが……。

　投手として覚えておくべきことは、「一部分に焦点を当てて、短期的に直そうとすることは、どこかに悪影響を及ぼす可能性がある」ということだ。副作用の存在を知ったうえで、改善をはかる必要がある。

■■■ 40〜50メートルの距離でカーブを投じる

　理想は、フォームを直接的に直すのではなく、何かの意識を変えることで、結果的にフォームが改善されるやり方である。外からの見た目ではなく、内面の意識を変える。

　私自身が現役中に取り組んでいたのは、40〜50メートルの距離でカーブを投げることだ。カーブで40メートル以上の距離を出そうとすると、絶対に腕の力だけでは届かせることができない。捕手方向に力を伝える並進運動、踏み出し足の着地の安定、股関節を支点にした回旋運動がしっかりと噛み合うことで、腕が速く振られ、カーブを遠くに放ることができる。抽象的な表現になるが、「横向きに"グッ"と踏み込み、体幹で"ビュン"と回し、腕を柔らかく"パン"と振る（振られる）」というイメージだ。今一度、下半身からの体幹、腕にかけての連動を意識

し、力ではなく、腕の振りの速さで、ボールを投げることを体に染み込ませる。

　私は、高校時代からこの練習をやっていた。誰かに教わった記憶はないが、力を抜いて投げるコツを掴むのに適した練習という実感があったのだ。腕にギュッと力を入れて、「手先で曲げよう」と思っているうちは、イメージどおりのカーブは投げられない。

　と、言葉だけでは伝わらないところもあるだろう。まずは、自分自身で試してみてほしい。カーブを遠くに投げることがどれだけ難しいことか、実感できるはずだ。

■■■ 負けが続いたときはひたすら走る

　現役生活を長く続ける中で、1カ月半以上も勝ち星がなく、「もう、どうにもならない！」と思ったことが何度かある。キャッチボールでフォームの修正をはかることはもちろんやるのだが、私の場合はそれに加えて、走ることと、遠投をひたすらやるようにしていた。

　これは、ライオンズにいたときに、先輩に言われた言葉がきっかけになっている。

「お前は、体の力がないんだ」

　たとえば、軸足で立ったときに、しっかりと支えられなくなってしまっている場合、これにより投球のスタートラインが崩れ、ボールを離す位置までずれてくるのだ。フォームを細かくチェックしたところで、筋力が落ちていればどうにもならない。全体練習の前にグラウンドに出て、ＰＰ走や全身を使った遠投で、体の力を取り戻すことに時間をかけた。

　全身がパンパンに張るので、毎日のようにトレーナーにマッサージをお願いしていたが、それぐらい体に負荷をかけなければ、シーズン中に

状態を上げていくのはなかなか難しいものである。

■■■ 次 に 切 り 替 え て こ そ 一 流 投 手

　毎試合、自分の思い通りにピッチングができればいいが、相手もプロの打者である。当然のことながら打たれることもある。中6日の調整期間をもらいながらも、早いイニングで降板したときには、自分自身のふがいなさに腹が立つことさえある。これが何試合も続いていくと、「チームに迷惑をかけてばかり。もう二度と勝てないのではないか」という心境に陥る。実績のない若い投手にありがちだが、打たれたことをどこまでも引きずってしまう。

　ソフトバンクの監督を務めていたときには、「次だよ、次。今日はもう終わったこと。明日から気持ちを切り替えて球場に来るようにな」と伝えることが多かった。1年間投げていれば、悪い状態のときは必ずある。ストライクが入らないときだってある。その結果を引きずったところで、プラスに働くことは何もない。

「切り替えて」という言葉は、選手からすると、「簡単に言うなよ」と思うこともあるかもしれない。しかし、1週間後にまた先発として投げなければいけないことを考えれば、切り替えは早ければ早いほうがいいと私は思っている。

　投手はどんなに好投していても、白星が付かないと、なかなかポジティブな気持ちになれない。それが1カ月以上続くと、「勝ちたい、白星がほしい」という想いがチーム全体に伝わるようになり、何となく空気が重くなっていく。私自身も経験があるのでよくわかるが、そういうときこそ、「アウトをひとつずつ積み重ねる」と目の前の打者に集中したほうが、余計なことを考えずに投げられることがある。メンタルをコントロールすることも、プロで活躍するには欠かせないことになる。

試合直前から試合後までの
過ごし方

■■■ トイレにこもってシミュレーション

ライオンズ時代の31歳頃からは、ブルペンに入る前にトイレの個室
で、相手打者と頭の中で戦うことがルーティンになった。トイレで何を
やっているかといえば、ひとりで考える時間がほしかったことと、ヒジ
の痛みを和らげる座薬を入れているのだ。

まずは、走者がいない状況で一番から九番まで戦い、次に走者一塁の
状況でシミュレーションを行う。あえて、走者一塁の状況を入れている
のは、右打者が右打ちをしてくるなど、走者がいることによって、狙い
が明らかに変わる打者がいるためだ。

スコアラーからもらったミーティング資料をもとにしながら、どのよ
うに抑えていくかを頭の中で考える。自分の状態、さらに打者の状態
（好調か不調か）を照らし合わせながら、「今日、このバッターに打たれる
のはしょうがない。長打を打たれなければＯＫ」といったことを頭に描
きながら、架空の対戦を終わらせておく。打者の見方に関しては、第6
章で詳しく解説しているので、ぜひ参考にしてほしい。

■■■ 状態が悪いときはカーブを多めに

先発投手が、初回の前に投げられる球数は5球と決まっている。
ブルペンでの状態が良いときは、ストレート2球、カーブ1球、スト

レート１球、最後にストレートを1球投げて、捕手がセカンドに送球する。おおよそのパターンが決まっていた。スライダーやカットボールは、リリースの角度を少し変えるだけで投げることができたので、ストレートをしっかりと投げられれば問題ないと考えていた。

　仮に、ブルペンでストレートの状態が悪いときは、５球の中でのカーブの割合を増やす。前述したように、力んで放ってしまうと、カーブをうまく投げることができない。いかに、余計な力を抜いて、下半身からの連動で放ることができるか。マウンド上で今一度意識するために、カーブを投げておく。

　　もちろん、あくまでも私のやり方に過ぎない。自分なりの対応策を考えておくことをおすすめしたい。

■■ ベンチ前のキャッチボールを大事に

　メジャーリーグと違って、日本では味方が攻撃しているときのベンチ前でのキャッチボールが認められている。２アウト後、ルーティンのひとつとして行う投手が多いと思うが、ここでも単なるキャッチボールで終わらせず、目的を明確にしておきたい。

　私は、強めのボールを投げるように心がけていた。特に、イニングが終盤になればなるほど、軽く投げるのではなく、体全体を使って投げる。一般的には、「疲労が溜まる終盤だからこそ、軽めにしたほうが良いのでは？」と思うかもしれないが、逆である。疲労の蓄積によって、スムーズな運動連鎖がしづらくなるのだ。体の動きが無意識のうちに小さくなりやすい。

　もう一度、「下半身から、体を大きく使う」という意識付けをするために、パートナーとできるだけ距離を取り、強いボールを投げ込む。マウンドで、打者と対峙しながらフォームを修正していくのはかなり難し

い作業なので、このキャッチボールの時間を大切にしていた。

■■■ 悪くなる兆候を知っておく

　自分がどういうボールが増えたときに、フォームの崩れが始まっているのか。それを認識しておくことが、試合中の修正につながっていく。

　多くの投手にあてはまるのが、頭が捕手方向に早く突っ込み、ヒジが上がり切る前にボールを投げることにより、右投手であれば右バッターボックス、左投手であれば左バッターボックスのほうに球が抜けていくことだ。下半身の疲労も関係はしているが、「打者を抑えたい」と余計な力みが生まれると、どうしても体が前に流れやすくなる。

　右投手は特に、左打者のアウトハイに抜けていきやすい。そんなときは、ピッチングコーチを通じて、「キャッチボールで、カーブを投げるように」と伝えていた。繰り返しになるが、カーブは力で投げようとしても曲がらない。下半身から指先までの運動連鎖がスムーズに流れたときに、スピンの利いたカーブを投げることができる。ベンチ前なので、30メートルも40メートルも離れることはできないが、余計な力みを取り除く意味でも効果は高い。

　また、パ・リーグの場合は、セ・リーグと違って打席に入ることがないので（交流戦を除く）、自分のリズムでキャッチボールを行える。これは、投手心理を考えると、非常に大きなことである。走塁で息が上がったまま、マウンドに行くこともない。

■■■ 試合中の改善方法

　打者を抑えるのは、バッテリーの共同作業である。投手自身だけでなく、捕手もまた投手の状態を把握しておかなければいけない。「この投

手のこの球が抜けてきたら、黄色信号。でも、ここに投げさせれば、一時的に状態が戻ってくる」というときもある。

　たとえば、ある投手は、右ヒジの上がりが遅れたときに左打者の外にストレートが抜ける傾向にあったとする。この抜け球を防ぐために、左打者のインコースにストレートを投げることで、一時的ではあるが修正できる場合もある。

　アウトコースに投げるときよりも、リリースを打者寄りにしなければいけないので、本能的にトップを早めに作って、ボールを前にまで引っ張っていこうとするのだ。インコースに投げることで、右ヒジが上がるタイミングを修正することができる。本人が気付かないうちに、改善できていることが一番望ましい。「右ヒジを早く上げなければ」と頭で思ってしまうと、それこそ、一部分だけを気にして、フォーム全体のバランスが崩れることがあるからだ。

■■■ 悪くなったときの状態を伝えておく

　ソフトバンクのリリーフとして、大車輪の活躍を見せてくれたのがモイネロ投手だ。タテ割れのカーブが注目されているが、それ以上にチェンジアップのキレが秀逸で、好調時は打たれる気配がまったくしなかった。

　モイネロ投手ほどの実力があっても、1年間に数回はフォアボールで走者を溜めて、失点を招くことがある。それだけ、状態を維持するのは難しい。彼には、こんな助言を送っていた。

「投げ終わったあとに、一塁側に倒れるのだけはダメだよ。それは、下半身を使えずに手投げになっている証拠だから。最後まで腕を振り切って、三塁側に倒れるのはオッケーだから。ただし、ファースト側に打球が飛んだときの、一塁ベースカバーだけは忘れないように」

何が良くて、何がダメなのかを把握しておけば、左足が一塁側に倒れたときに、「この投げ方は手投げの証」と、自分自身で気付きやすい。そうすれば、前足にしっかりと体重を乗せて、腕を振りきろうと、改善をはかることができる。投手だけでなく、捕手にも共有できると、試合中の声掛けの質が変わっていくはずだ。

■■■ 指先を振ることで血流を心臓に戻す

　私自身いつから始めたかはっきりとした記憶はないが、１球投げ終わるたびに、左手を真上に上げて、指先をぶらぶらさせることがルーティンになっていた。無意識と言えば無意識であり、意識していると言えば意識している。とてもシンプルに説明すると、血流を心臓に戻す狙いがある。

　ボールを持たなくていいので、投球動作の真似をして、ビュンと強く腕を振ってみてほしい。何回か繰り返していくと、指先が赤くなり、ジンジンしてくるはずだ。何が起きているかというと、指先に血流が溜まった状態になっているのだ。投げる動作は、これを何千回、何万回と繰り返していることになる。

　手を上げることによって、重力を利用して、血流を戻すことができる。放っておいても自然に戻るものだが、終盤になるほど知らず知らずのうちに血流の戻りが悪くなり、リリースの感覚が鈍くなることがあるのだ。それを防ぐためにも、自分の力で戻す習慣を付けておく。

　少し専門的な話になるが、体内の血液は、心臓の拍出によって全身に送り出す通路となる動脈と、心臓や肺に戻ってくる通路となる静脈の働きによって、循環している。「エコノミークラス症候群」という言葉を一度は聞いたことがあると思うが、長い間イスに座っていると、下半身に血流が停滞し、静脈からの血流の戻りが悪くなることで、血栓症など

を引き起こす症状を表す。血流が滞ると、老廃物を体外に排出できず、疲労が溜まることにもなる。

　下半身で考えたとき、静脈を介して血流を心臓に戻す役割を担うのが、ふくらはぎである。筋肉が収縮、弛緩することで、「筋ポンプ」と呼ばれる働きが生まれ、血流を促してくれるのだ。ずっと座ったままでいると、筋ポンプの作用が働きにくくなる。

　もうひとつ、重力の働きも大きい。バスケットやサッカーなどオンフィールドの時間が長い競技では、コンディションを整える方法のひとつに、壁に足をかけて（心臓よりも高い位置に足を置く）、重力を利用することで静脈環流を促すことがあるそうだ。それだけ、重力の力は偉大なものであり、コンディショニングにおいてもそれを使わない手はないと言える。

試 合 後 か ら 翌 日 の 過 ご し 方

■■■ アイシングの効果

　登板後はアイシングをして、トレーナーにマッサージをしてもらってから、球場を出る。アイシングの効果については、数多くの研究がありすぎて、はっきりとしたことは言えない。個人差もあるだろう。

　冷やすことによって、筋肉が硬くなり、痛みにも鈍感になりやすい。ヒジや肩の違和感に気付くことが遅れる可能性がある。一方で、私のようにヒジを痛めた人間からすると、ヒジ周りの筋肉の炎症を抑えるため

に、冷やしたほうが効果を感じることもある。

　明確に言えるエビデンスがないだけに、さまざまなやり方を試しながら、ヒジや肩の状態を見ていく必要があるだろう。言うまでもないことだが、自分の体だからこそ、自分自身が一番理解しておかなければいけない。

■■ 睡眠は1日10時間

　ナイターで先発した日は、夕飯の時間が遅くなるため、ベッドに入るのは夜中の2時や3時になる。起きるのは昼の12時頃。体が興奮していてなかなか寝付けないときもあるが、できるかぎり、10時間以上は睡眠を取るように心がけていた。人間が疲労を取るには、睡眠と食事を大事にするほかはない。どれだけ質の高いトレーニングを積んでも、休息とのバランスが崩れれば、体は疲弊していく。

　40歳を過ぎた頃から実感するが、寝るのにも体力がいる。今、10時間寝ようとしても、まず無理な話だ。どうしても、体が起きてしまうのだ。そう考えると、疲労を感じながらぐっすりと眠れることは、体の状態がいいときと思っていいのだろう。

　マイ枕やマットレスを持っていく選手もいるが、私はさほど気にならないタイプだった。ただし、春季キャンプのときはホテルに1カ月近く泊まることになるので、自宅で使っていた布団を持ち込んでいた。ホテルのベッドよりは、安心感があったのだ。

■■ 監督になってからは仮眠がルーティン

　ソフトバンクの監督になってからは、球場で仮眠を取ることがルーティンにもなっていた。ナイターのときは、10時に球場に向かい、ト

レーナーやコーチ陣とのミーティングを行い、グラウンドでの練習を見て、お昼を食べたあとには30分ほど仮眠を取るようにしていた。1時間以上寝ると、逆に体が重たくなるので、30分程度で十分。頭がすっきりした状態で、戦いに臨むことができる。メジャーリーグでは、球場によっては「仮眠ルーム」が備えられているほど、適度な仮眠が重要視されている。

　食事は、2020年からのコロナ禍の影響で、私の現役時代とはまったく違う状況になってしまった。今はだいぶ緩和されたが、もっとも規制が厳しいときは外食が禁止されていた。「今日の練習はきつかったけど、美味しいご飯を食べられて元気が出た。また明日から頑張ろう！」というのは、人間が持つ本能であり、食の偉大な力である。

　遠征先でホテルから出られないとなると、当然、ストレスも溜まりやすい。ソフトバンクでは、ホテルに相談をして、できるかぎり温かい料理を提供してもらえるようにお願いしていた。

　お酒は、翌日にまで残るような深酒をすると、コンディションに影響が出る。それでも、何かを制限することでストレスがかかるのも事実であり、何でもかんでも禁止にしていては、逆に力が発揮できない。たしなむ程度のお酒であれば、眠気を誘い、そのまま深い眠りに入れる効果もある。プロにまでなれば、自己責任、自己管理となる。

第6章

試合で
勝つための投球術

クセとの付き合い方、配球論、打者の分析法など、試合で勝つためには投手としての総合的な能力が必要となる。

無くて七癖 ——
人間誰しもクセを持つ

■■■ 自分のクセを知る

　第6章では、実戦で打者を抑えるための投球術を解説していきたい。

　ブルペンでどれだけ良い球を投げていようが、試合で結果を出すためには、打者との駆け引きや、弱点を見極める力が必要になる。ストレートを待っている打者に、素直にストレートを投げれば、打たれる確率が上がるのは当然のこと。「野球は確率のスポーツ」という言葉があるように、さまざまな情報や数字を元にしながら、抑える確率を上げていくことが求められる。

　まず、実戦で考えるべきことは、クセとの付き合い方だ。『無くて七癖』のことわざがあるように、誰にでもクセはある。ないように見えても、何かしらのクセを持っている。自分ではなかなかわからないので、対処するまでにどうしても時間が必要になる。

　入団5年目の1986年、広島と日本シリーズを戦った。史上初めて第8戦までもつれ込んだ、激闘のシリーズである。のちにわかったことだが、カーブを投げるときのクセを広島側に見抜かれていた。当時の私は、走者がいないときは大きく振りかぶっていたのだが、頭の後ろで"ポン"とグラブを弾ませたときにはカーブだったようだ。本能的に、弾ませることで間合いを作ろうとしていたのかもしれない。無意識でやっていることなので、他者から教えてもらうまではまったく気付かなかった。

　カーブのクセを知ってからは、ワインドアップをやめて、ノーワインドアップで投げるようになった。「余分な動作」とは言わないが、動作がひとつでも多くなればなるほど、クセが出る可能性は確実に高まる。現在は、走者がいないときにもセットポジションで投げる投手がほとんどだが、クセを防ぐ観点では多いに納得できる。ただ、これまで何度も述べてきているように、再現性を生み出すにはリズムが大事。セットポジションにすることで、自分が本来持っているリズムまで失ってしまうのであれば、ノーワインドアップにして、クセが出ないように気を付けるのもひとつの手と言えるだろう。

　また、下半身のクセを直すと上半身に別のクセが現れたり、その逆のことが起きたりと、１００パーセント完璧な状態になることもなかなかない。現役を辞めるまで、クセとは付き合っていかなければいけない。追い込んでからの落ちる球を簡単に見逃されたり、狙い打ちされたりしたときは要注意。疑心暗鬼になる必要はないが、スコアラーなど第三者の協力を得ながら、クセを改善していく必要がある。

■■■ 指を開いた状態でボールをセット

　クセを防ぐために、今日からでもできることは、ボールをセットする方法を工夫することだ。

　どのような握りでボールを持っておけば、球種がばれにくいか。相手にもっともばれやすいのは、グラブの中でストレートの握りからフォークの握りに変えたときである。実際にボールを持ってもらうとわかりやすいが、ストレートは人差し指と中指の距離が近く、ほぼ揃えた状態になる。ここから、ボールを挟み込むフォークの握りに変えると、人差し指と中指の距離が開く。これによって、グラブが膨れたり、グラブの中で指を開く時間が生まれたりと、打者やベースコーチャーに「何か違う

ぞ」と感づかれてしまうのだ。

　そのため、あらかじめ、もっとも指を開いた球種でサインを見る投手が多い。最初からグラブを膨らませた状態にしておくのだ。大魔神・佐々木主浩投手（元横浜ベイスターズなど）や、2022年までソフトバンクでプレーしていた千賀滉大投手らは、フォークの握りでボールを持っている。

　私はというと、指が短いこともあり、ボールをはさんだり、指を開くときにグラブ側も一緒に開いてしまうこともあった。指の長い人はあまり関係ないことなのかもしれないが、私自身は持ち球の中でもっとも指を開くシンカーの握りでセットして、そこからボールを回すようにしていた。プロ入り当初はこんなところにまで、気が回っていない。一軍で本格的に投げるようになってから、先輩方の工夫を自分なりに取り入れていった。

■■■ 暑くても長袖を着る理由

　私はプロ入り当初から現役を辞めるまで、どんなに暑くても、長袖のアンダーシャツで投げ続けた。汗をたっぷりかきながら投げる、私の姿を覚えている方も多いかもしれない。

　もちろん、あえて長袖を着るのには理由がある。プロに入ったとき、広岡達朗監督から「グラブの中でボールを握り替えるきに、前腕の筋肉が動く。それだけで球種がばれる」「汗がぽたぽた落ちて、指先が滑ったらどうするんだ！」と言われたことがあったからだ。それ以来、広岡監督のアドバイスを愚直に聞き、長袖を着続けてきた。

　「打席から前腕の動きが見えるのか？」と疑問に思うだろうが、その動きを見ているのは打者だけではない。コーチャーやベンチも、クセを見つけるために、私のことを凝視している。実際に、三塁ベース

コーチャーとして長く活躍した伊原春樹さんは、筋肉の微妙な動きからフォークの握りを見破っていたとも聞く（ただ、現在は一塁、三塁コーチが相手サインを盗んだり、味方に伝達することはできないということを注意して頂きたい）。

　長袖を着ようが半袖を着ようが、ピッチングにおいて些細なことと思うかもしれないが、それによって、球種を見破られる可能性が少しでも出るのであれば、私は長袖を着る。プロの世界はそれぐらいシビアな戦いをしている。

投手のクセ対策まとめ

・現役を引退する瞬間まで、常に自分のクセを探り続ける
　クセは必ず出るものと考え、現役を引退するまで付き合い続ける。クセを直すと、他の部分で別のクセが出る可能性もある

・ボールのセットは指を開いた状態から
　あらかじめ指を開いた状態でボールをセットすることで、余計な動きを極力少なくする

・長袖を着ることで微妙な動きを隠す
　球種をばらさないためには、どんな細かな努力も怠らない意識が必要

試 合 を 作 る た め の ポ イ ン ト

■■■■ 球種を消してはいけない

　配球に関わる点で、先発としてもっとも気を付けていたのは、「球種を消さない」ということだ。どういう意味かわかるだろうか?

　たとえば、持ち球にストレート、スライダー、カットボール、カーブ、チェンジアップがあるとする。このすべての球種の状態が良いことなど、長いシーズンで1度あるかどうかだ。日によって、スライダーが良い日があれば、スライダーがまったく使えずにカーブが良いときもある。キャッチャーと相談していきながら、その日に使える球種を少しでも早く探し、配球の軸にしていくことも、試合を作る意味では重要なポイントになる。

　しかし、信頼できる球種ばかりを選択していると、相手の打順が3巡目や4巡目に入ったときに、どうしても手詰まりになってしまう。配球パターンが読まれ、勝負所で投げる球種がなくなってしまうのだ。そうならないためにも、球種を消してはいけない。つまりは、「今日はカーブの調子が悪いな」と思っても、配球の中にカーブを織り交ぜていかなければいけないのだ。

　では、どのように使うか。カウント1ボール2ストライクなど投手有利のカウントで、捨て球、つまりはボール球として意図的に使っていく。それだけで、打者や相手のベンチは狙い球を絞りにくくなる。

　そういった視点を持っていると、イニングが進んでいく中で、「カー

ブがなくなったぞ」「追い込んでから落ちる球しかないぞ」といったように、変化やパターンが見えてくることもあった。

　1イニング限定のリリーフであれば、状態の良い球種だけで攻めることもできるが、長いイニングを投げる先発はそうはいかない。どれだけ、的を絞らせずにイニングを重ねていくことができるか。それが、7回や8回、もしくは9回を投げ切るための重要なポイントとなる。

■■ アウトローの考え方

　昨今、MLBで流行した「フライボール革命」の考えが日本でも広まり、アッパースイング気味に振り上げて、打球に角度を付ける打者が増え始めている。それに伴い、「高めよりも低めのほうがスイングの軌道に合いやすい。フォーシームを高めに投げたほうが、空振りを取れる」という攻め方も広がりつつある。

　これ自体は、決して間違った考えではない。強く速いボールを、目の近くに投げてこられたら、打者は嫌なものだろう。バットとボールとの距離を取れないため、どうしても窮屈なバッティングになりやすい。

　ただし、高めのフォーシームは少しでも甘く入れば、長打のリスクが高まるコースであり、それをわかったうえで投じなければいけない。クローザーのように1イニング限定で、フル出力で攻められる状況であれば良いかもしれないが、先発投手はそうはいかない。長いイニングを投げることを頭に入れながら、ギアチェンジや力の出し入れを考える必要がある。

　そう考えたとき、「目から遠いアウトローこそが、投手の生命線」と、高めの攻めが増えた今だからこそ、あらためて考えてもいいのかもしれない。ここで注意することとして、アウトローは決してストレートだけではない。スライダーもカーブも含め、自分の持っている球種をすべて

アウトローに投げられるか、が大切である。目から離れれば離れるほど、バットの芯でボールをアジャストする確率が減る。かつ、バットが体から離れていく分、どうしても手打ちになりやすい。それだけ、長打の確率は低くなり、複数失点のリスクを減らすことができるのだ。

　私のような左腕投手の多くが勘違いしているのが、右打者のヒザモトに投げ込む「クロスファイアーこそが生命線」と考えていることだ。内角低めで、ズバッと見逃し三振を取れたときはたしかに気持ちが良いが、シュート回転で真ん中に入れば、これもまた長打の危険性が高まる（もちろん、クロスファイアーが不要なわけではない）。

　左投手対右打者であっても、大切になるのはアウトロー。ブルペンでの投げ込みから、ここに投げ込む確率をどれだけ上げられるか。二死満塁、３ボール０ストライクからの状況でも、自信を持ってアウトローに投げ込める技術を磨いていかなければいけない。

■ クイックで投げるときはより低めに

　走者一塁の状況では、クイックでの投球が必須となる。モーションを速くする中でも、軸足にしっかりと力を溜めて、並進運動で生み出したエネルギーをリリースにまで伝えていく技が求められる。

　ただし、プロの一流投手であっても、クイックになると多少は球速が落ちる投手もいる。「仕方がない」とは言えないが、それをわかったうえでピッチングを組み立てていかなければいけない。

　具体的に言えば、ここでも重要になるのが低めであり、理想は目から遠いところを攻めることだ。球威が落ちた中でベルト付近の甘いコースに球が集まれば、打たれる確率は高まる。走者がいるときこそ、アウトローを軸にしながら、配球を組み立てることができるか。日々のブルペンで、走者がいる状況をよりリアルに想定し、低めへの意識を高めて

いってほしい。

■ ストライク先行で先手を取る

　同じ打者と何度も対戦していくプロ野球の場合、あえてボール球を使って、打者の狙いを探ったり、次に投げる球を生かしたりすることがある。一流投手ほど、このボール球の使い方がうまい。それだけ、コントロールに自信があると言うことができる。ストライクを取ることに精一杯であれば、ボール球を投げることが、自分を苦しめることにもつながりかねない。

　このボール球も、使い方が重要となる。

　基本的にはストライクを先行させながら、ボール球で並行カウントを意識的に作り出していく。カウントで言えば、0ボール1ストライクから、1ボール1ストライク、1ボール2ストライク、2ボール2ストライクと進んでいくことがベストではある。

　避けたいのが、1ボール0ストライク、2ボール0ストライクと、投手不利なカウントになり、ストライクを取りにいったカウント球を狙われることだ。初球に、ボール球で打者の様子を見るテクニックも必要だが、自分のピッチングを苦しくしてしまっては意味がない。

　ストライクを取るべき場面と、ボール球でも良い場面を見極め、バッテリーで主導権を握っていくことが、試合を作ることにつながっていく。

投手が知っておきたい情報

■■■ 数字を鵜呑みにせず、自分の目で見て感じる

　近年の野球界は、データ分析の発展が目覚ましい。ラプソードやトラックマン、ホークアイなどの分析機器が浸透し、打球速度や投球の回転数、プレートからリリースまでの距離など、さまざまな数値を視覚化できるようになった。今までは感覚で評価されていた技術が、数値で見えるようになり、フィードバックがしやすくなった利点がある。技術向上の一助となっているのは間違いのないことだろう。

　その一方で、打者を抑える視点に立ったとき、その分析方法が進化しているかと聞かれると、決してそうは感じない。カウント別打率や、ファーストストライクスイング率、ストライクゾーン9分割の打率、ボールゾーンスイング率など、さまざまな数字は出てくるが、これ自体は昔からあったものに過ぎない。「低めのボールになるフォークに弱い」というデータがあっても、そのフォークがどれほどのスピードで、どれほどの落差であれば振るのかまでは、数字ではなかなか見えてこないのが現状である。

　結局のところ、昔も今も、スコアラーからの情報だけを頼りにするのではなく、自分の目で映像を見て、自分なりの気付きを増やしていくしかない。「この打者はここに課題があるから、ここを攻めていけば抑えられるのではないか」と仮説を立てて、試合でそれを実践してみる。ときには打たれることもあるだろうが、仮説があれば、振り返りができ

る。行き当たりばったりで、何も考えずに投げていると、振り返りの材料が乏しく、次の対戦につなげることができなくなってしまう。

■■■ 打者の性格を把握する

「打者の情報で一番知りたいことは何ですか？」と聞かれたら、答えることはいつも決まっている。

「打者の性格を知りたい」

　バットを振るのも振らないのも、すべては打者の意思によるものである。そこに関わってくるのが性格だ。打者の性格を知ることができれば、攻め方が見つかるといっても過言ではない。

　たとえば、走者なしの場面ではボールをじっくり見てくる打者が、走者が得点圏に進むと積極的なタイプに変わることがある。第一打席にカーブを打ったあとには、「次から、おれにはカーブを投げてこないだろう」とストレートにヤマを張る打者もいる。こうしたことも、打者の性格が関係している。

　映像を確認するときは、１球１球、打者の心理状態を想像しながら、「今はこんなことを考えているのかな」「この球種を狙っているのかな」と、自分がマウンドに立っているつもりで見ることをお勧めしたい。こうした思考を積み重ねていくことによって、自分なりの見方が確立されていく。

■■■ ヒットを打ったひとつ前の球に注目

　打者の分析方法は、投手によってさまざまあるものだろう。100パーセント完璧に読めることはまずないので、正解は存在しない。それを前提としたうえで、私が映像を見ながらチェックしていたのは、「ヒット

を打った1球前の球を見る」だ。

　たとえば、1球前にインコースを厳しく突いたにもかかわらず、次の外の変化球を逆方向にミートしてきたとなれば、「インコースを続けることはないな」と、完全に配球を読まれていることになる。これはわかりやすい例だが、1球前のボールを追いかける打者もいれば、「もう次はないだろう」と捨てる打者もいるのだ。

　第一打席に凡退して、第二打席にヒットを打ったとしたら、第一打席の攻めがどのように打者心理に影響を及ぼしたかを見る必要がある。結局、すべての球、すべての打席が伏線としてつながっているのだ。投手側に立てば、そこに抑えるヒントがあり、打者側に立てば、ヒットを打つためのヒントが転がっている。

■■■ 自然にバットを振るコースはどこか

　技術的観点で打者を調べるとき、私が最初にチェックするのは、「自然にバットを振れるコースはどこか？」ということだ。打者には、意識をせずとも、自分の形で素直にバットを振れるコースが必ず存在する。「何も考えずにバットが出るところ」と言い換えても良いだろう。そこが得意なコースであり、タイミングが合ったときにはヒットになる可能性が高まる。

　多くの打者はインサイドの甘いコースに、素直にバットが出る。それがもっともわかるのが、ネクストサークルでの素振りだ。あえて何かを狙ったスイングをしていないかぎりは、好きなコースを振っている。ボールとの距離が詰まるインハイや、目から遠いアウトローをスイングしている打者は少ない。

　では、インサイドの甘めにバットが出る打者が、なぜ、アウトコースに対応できるかと言えば、打ち方を変えているからだ。ある程度、「ア

ウトコースにきたら、こうやってバットを出そう」と意識を持って、次の1球に臨んでいる。意識があるということは、何かしらの動きの変化があるということ。バッテリーは、この変化を見逃してはならない。

■■■ インコースを狙うと始動が早くなる

わかりやすい例を挙げると、ほぼすべての打者が、インコースを狙っているときは始動が早くなる。なぜなら、インコースは、アウトコースよりも投手寄りでボールをミートしなければ、フェアゾーンに強い打球を打つことはできないからだ。体の近くまで引き付けて打とうとすると、グシャッと詰まりやすい。

どんな打者でも、構えたところからそのままバットを振り出すのではなく、一度テイクバックを取ってから、トップに入る。この手の動きが、アウトコースを狙うときよりもわずかに早くなったり、前足を動かしてタイミングを取る打者であれば、その始動が早くなったりと、必ずどこかに変化が現れる。「前で捉えなければいけない」という意識の表れが、始動の早さに出てくるのだ。

一方で、緩いカーブを狙っていたら、間合いを取ろうとして、本能的に始動は遅くなる。投手は、ただボールを投げるだけでなく、こうしたタイミングの変化にまで気付かなければいけない。「打者を見て投げる」とはそういうことである。ただし、第3章で紹介したように、首を振って、頸反射を利用して投げる投手は、どうしても打者の動きを見られる時間が短くなる。リズム・バランス・タイミングを究極にまで突き詰め、時間がかかったとしても首を振らないフォームを身に付けることで、コントロールの修正だけでなく、打者との対戦においてもプラスになるだろう。

■■■ インコースでファウルを打たせる

　ただ、始動の早さだけでは、本当にインコースを狙っているかは確実にはわからない。１００パーセント近い確信を持つには、バットを振らせたい。ポイントを前にしている打者は、インコースを振りにきて、厳しいコースであればあるほど、高い確率でファウルになるものだ。

　右打者がレフトのポール方向に特大のファウルを打って、冷や汗をかく投手がいるが、コースさえ間違えなければ、ファウルにしかならない。「ポイントを前にしているから、いくら打ってもファウル。これでカウントを稼げる」と思えるようになれば、投手有利のカウントを作れるようになる。意図的にファウルを打たせられるかは、プロで勝てる投手になれるかどうかの大きなポイントと言っていいだろう。

　ただし、そのためには、左腕であれば右打者のインコースに食い込むカット系のスライダーを持っておきたい。厳しく攻められるのであれば、ストレートでもいい。このあたりを厳しく突いているのが、横浜DeNAベイスターズの今永昇太投手だ。肩の故障こそあったが、毎年のように安定した数字を残しているのも頷ける。

■■■ 調子が落ちたときの状態を知る

　登板前に相手チームの映像を見るとき、誰の調子が良くて、誰の状態が落ちているかをよく見るようにしていた。調子が良い打者は、迷うことなくバットを振り抜いてくるため、少々難しいボールであってもヒットコースに飛ぶことがある。仮に長距離砲であれば、インコースの厳しいところやアウトローを丹念に攻めて、長打だけは打たれない配球が必要になる。

　大事なのは、調子が落ちている打者を確実に抑えることだ。技術面で

何らかの原因があるからこそ、数字が上がってこない。それがわかれば、攻め方も見えてくる。

　たとえば……、左打者によく見られるのが、ライト方向に引っ張る意識が強くなり、かかと重心になることだ。当然、右肩の開きが早くなり、外の変化球は当てるだけのバッティングになりやすい。間合いを長く取ることもできないため、緩急にも脆さが出る。

　長距離砲に見られるのが、打球に角度をつけたいと思いすぎて、軸足のヒザが折れてしまうことだ。ヒザを折ることでアッパー気味には振りやすくなるが、高めのストレートに対する反応は遅れやすい。

　テイクバックからトップに入るときのグリップの動きにも、好不調の波は見える。グリップを背中側に引く打者は、インコースにスムーズにバットが出てこないため、インコースの速いストレートは間違いなく詰まる。

　状態が落ちたことを示す、何らかの技術的な動きが必ずある。そして、それは打者によっても違うものだ。バッテリーとしては、打者ひとりひとりの特徴を把握しておくことが、打線の攻略につながっていく。

■ 投手自身が配球を考える

　ほとんどすべての配球を、捕手に任せている若い投手もいるが、自分で配球を知る、学ぶということも大切だと私は思う。投手自身が考えて投げていかなければ、投手としての感性や打者を見る目が養われていかないからだ。「考えなくてもいい。周りの人がやってくれる」と思っている時点で、思考力は育っていかない。

　バッテリーを分析していけば、捕手主導で配球を組み立てているかどうかはある程度はすぐにわかってしまう。こういうバッテリーは、捕手の傾向さえわかれば、ある程度は狙い球を絞ることができる。ストレー

トを打れたはあとは変化球、インコースを打たれたあとはアウトコースから入るなど、必ず何らかの特徴が見える。投手がクビを振らない分、どうしても偏りが出てきてしまう。それを防ぐためにも、投手自身が考えて、配球を組み立てていくことが時には必要だと私は思う。

一 流 打 者 を 打 ち 取 る た め に 考 え る こ と

■ インコースを攻めて、軸足を動かす

　2021年に監督を退いたあと、2022年はさまざまな場所で解説する機会をいただいた。その中でよく聞かれたのが、「工藤さんなら、村上宗隆をどうやって抑えますか?」ということだ。ここでは村上選手のような強打者と対戦するときの私なりの視点と考え方について、伝えていきたい。

　村上選手に限らずだが、打率も長打力も兼ね備えた打者を抑えるには、インコースを意識付けることが絶対条件となる。インコースを使うことによって、アウトローのストレートや変化球がより遠くに感じるようになる。

　左対左でインコースに投げ切れない投手が多いが、こうなると外一辺倒になるので、狙いを絞られてしまうことになる。ストレートを投げることに怖さがあるのなら、左バッターの体の近くから曲げるスライダーを覚えるなど、打者が意識せざるをえない球種を覚える必要が出てくるだろう。

　では、インコースを意識させるとはどういうことか。私が現役中に考えていたのは、軸足を動かすことだ。左打者の村上選手であれば、インコースを攻めることで左足を動かしたい。インコースのストレートでもツーシームでもいい。右投手であれば、軸足に曲がり込むスライダーやカットボールが効果的だ。

　村上選手は、背番号が投手に見えるぐらい下半身をグッと捻っている。一般的には、あれだけ捻るとインコースにバットが出てこないものだが、村上選手はインコースもスムーズにさばける。タイミングの取り方がうまいのか、読みがうまいのか、スイングスピードがずば抜けているのかはわからない。

　捻るということは、軸足に体重を乗せることを重視していると見ていいだろう。投手側の視点に立つと、軸足を動かすことで、体重の乗せ具合を少しでも甘くしたい。打者からしても、軸足を動かされるのはイヤなはずだ。

　村上選手の映像を見ていると、インコースにストレートで攻められたあとにもかかわらず、アウトコースを狙っていたかのように踏み込んで、逆方向に放り込むシーンが何度かある。「さすがに２球続けて、インコースには突っ込んでこない」という読みがおそらくあるかもしれない。バッテリーとしては、インコースを意識させているはずが、次の球を狙い打たれていることになる。簡単に言ってしまえば、「意識付けが甘い」ということだ。

　走者の状況にもよるが、「軸足が動くまで、インコースを使い続ける」「バットを出してくるまで、インコースに投げ続ける」と、バッテリーで約束事を決めて、徹底的に内角を攻めるのもひとつの作戦と言えるだろう。しかし、配球には100％は存在しない。作戦どおりでも打たれないとは限らないということを頭に入れておいてほしい。

■■■ タイミングを常にチェックする

　村上選手の打席をすべて見ているわけではないが、映像を確認したときに、「変化球を狙っているのかな？」というタイミングで前足を踏み込んでいることが何度かあった。若いカウントでストレートがきても反応せず、続くストレートはファウルになる。そして、次の変化球を見事に捉える。最初から、変化球を狙っているようなスイングに見えた。

　これもまた、村上選手の中で「ストレートで真っ向勝負をしてくる投手は少ない」という、読みが働いているのかもしれない。特にランナーが得点圏に進んだときは、変化球から入ろうとするバッテリーが多い。パワーに優れているのは当然だが、相手の心理を読むことにまで長けているように感じる。

　バッテリーとしては、前足を踏むタイミングを常にチェックして、この打席では何を待っているのかを把握しておきたい。そのうえで、さらに重要となるのが、村上選手が打席の中で狙い球を変えるかどうかだ。変化球のタイミングで待っていたとしても、バッテリーの攻め方を見て、ストレート狙いに変えてくるのか否か。これは、その時々の調子や状況、投手のタイプによっても変わる可能性があるので、過去の打席を自分の目で見て、傾向を掴み取っていくしかない。

　すなわち、打者を分析するには、数字に表れるデータだけでは足りず、1球ごと、1打席ごとの打者の心理まで深く探っていかなければいけない。それでも、打者が意識的に裏をかいてくるなど、駆け引きは続く。打たれることもあれば、抑えることもあるのが勝負である。その中においても、抑える確率を少しでも高める方法を自ら見つけ出してほしい。

打者に対峙した際に意識すべきこと

・インコースへの意識づけ
　どんな打者でもインコースを厳しく攻めることでアウトコースへ
　の変化球などが生きてくる

・打者を観察する
　事前のデータだけでなく、打席内でのタイミングやリアクション
　を見て、打者の心理を読むことも重要

第 7 章

医科学を
どのように生かすか

名投手はなぜ、多くの球数を投げられたのか。現代
の医科学だけでなく、先人から学べることは多い。
大切なのは「ハイブリッド思考」。

医科学をどのように生かすか

■■■■ 投球障害はなぜ増えている？

医科学の技術は、年々進歩している。

野球界では、トラックマンやラプソード、ホークアイなどの機器が開発され、ボールの回転軸や回転数などを容易に測定・分析できるようになった。当初はプロの世界で使われていたが、ラプソードにおいては、今では大学野球や高校野球でも活用され、「感覚」や「印象」で語っていたことが、「数字」という共通のものさしで測れるようになってきた。デバイスの開発は、これからさらに加速していくのは間違いないだろう。私の若い頃に比べると、時代は大きく変わったと言っていい。数字を計測する機器は、スピードガンしかなかったような時代である。

医療の分野においては、論文検索サイトが登場し、世に発表されている研究者の論文をわずか数秒で調べられるようになった。論文を読むにはお金がかかるが、本気で何かを知りたいと思えば、自らの行動ひとつでヒントに辿り着ける。誰もが、どこにいても、情報を得ることができる世の中になった。

しかし——、医科学の世界が発展したからといって、ヒジや肩を痛める投手の人数が劇的に減ったわけではない。MLBではトミー・ジョン手術を受ける投手が増えていて、日本においても投球障害が減ったという結果や成果はいまだに得られていない。

日本国内では、ジュニア世代から投球数制限を設けるようになったた

め、無理をして投げる、ひとりの子が何球も投げ続けるといった状況を防げるような環境にはなっている。

　成長期の投球過多による障害は防げるようになってきたが、子どもたち全員の障害を防ぐことができるかと言えば、クエスチョンの部分もまだまだ多く、本質的なところはまだわからない。

　1球の全力投球で、ヒジの靭帯を傷めることさえもある。

　アマチュアもプロも、平均球速が上がっているため、「パフォーマンスは向上しているのでは？」という見方もあるが、現在の球速は初速表示が主であり、過去の球速表示と比較するのは難しい。

　打者のレベルが上がったことで、投手は球種を増やさざるを得ない環境に置かれ、その負担がヒジや肩の故障にもつながっているのではないか……という意見もある。そもそも、"モノを投げる"という動作自体が人間の体の構造から考えると、関節に強い負荷がかかるのは当然であるわけだが。

　50年前も今も、じつは「ピッチング」という動作自体に大きな変化は見られない。当時の投手がどこまで理論的に考えていたかはわからないが、並進運動と回旋運動の組み合わせによって、腕が振られていくメカニズムは共通である。トレーニングも、ランニングや自重で行えるものを中心に、投げるための足腰や肩周りの強さを作り上げていた。

■■■ **重要なのはハイブリットな思考**

　かつては先発完投が当たり前で、1シーズンで300イニング以上投げる投手が存在した。「打者のレベルが違い過ぎる」「分業制のほうが、投手の寿命が長い」と言ってしまえばそれまでだが、「昔と今は違うから」と簡単に片づけてしまっていいのだろうか。

　たとえば、金田正一さんや稲尾和久さんら球史に残る大エースが、ど

んな練習で強靱な体を作っていたか。その取り組みを調べていくことも、自身の投手人生を切り拓く、手助けをしてくれるのではないか。

　今とは比較にならないぐらいランニングに取り組んでいたのは間違いないことだろう。近代的なトレーニング器具がなくても、自らの体を使って、負荷をかけていたことも想像がつく。過去を学ぶことは、最先端の医科学を学ぶのと同じぐらい大事なことだと、私自身は思っている。

　プロ野球の世界を見ていると、年々、トレーニングの効率化が進んでいる。選手たちも、「これをやったから、こうなった」というわかりやすい成果を求めるようになった。それが、科学的なトレーニングにもつながっていくのだが、ときには "無駄" と思えることや、一見すると遠回りと感じることに、成長のヒントが隠されていることもある。効率を求め過ぎると、自分の限界を打ち破ることができず、能力向上の妨げになってしまわないか、と思うこともある。

　医科学の発展によって導き出されたエビデンスもたしかに大事である。しかし、それだけに縛られると、自分の可能性を狭めてしまうことにつながりかねない。これは、ソフトバンクの選手たちもずっと言い続けてきたことである。数字やデータだけがすべてではないよ、と。

　私が伝えたいのは、昔の良さと今の良さを組み合わせた「ハイブリットな思考」を持つ重要性である。すべてを否定するのではなく、それぞれの良さを学び、取り入れ、自分の力にしてほしいと思っている。

■ 本当の意味での効率とは？

　今まで半日かかっていたことが3時間や2時間でできるようになった。そのぶん、他のトレーニングや技術の習得に時間をさけるようになった。

　練習を短くすること、必要最低限にすることだけが"効率化"ではなく、1日24時間の中で、どれだけ考えて、行動して、取り組むことができるのか、中身の濃い24時間にすることが本当の意味での効率化であり、そのために科学やエビデンス、デバイスや技術を活用することが大切だと私は思う。

■ わかったことより、わからないことが多い

　人間の体は無限の可能性を秘めており、医科学が進歩した現代においても、まだまだ解明されていないことが多い。ましてや、ボールを投げる動作の研究は、医科学の歴史で見れば、まだ始まったばかり。わかったことよりも、わからないことのほうが圧倒的に多いと考えていいだろう。

　今後、科学的な研究が進み、さまざまなエビデンスが導き出されていくのは間違いない。そのうえで、現役のプレーヤーとして念頭に置いてほしいのは、「科学を逃げ道に使わない」ということだ。

　論文等で、たとえば「このトレーニングをやっても、球が速くなる効果は薄い」という結果が出たとしても、「本当にそうなのだろうか?」「自分には当てはまらないのではないか?」「少しやり方を変えれば、効果も変わるのではないか?」という疑問を、常に持ってほしいのだ。「科学的に結論が出ているから」と、蓋をしてしまうのは非常にもったいない。

　まずは、自分の頭と体に落とし込んで、試行錯誤しながら、自分に適したトレーニング方法やフォームを見つけ出すことが重要となる。

　論文を参考にする際は、表面上の情報だけでなく、ある程度、中身を精査する必要もある。日本国内の野球の論文を見ると、研究対象になる選手はアマチュアが多く、プロのトップ選手の動きや体を調べた論文は

非常に少ない。ある意味、プロ野球選手は平均よりも上の領域にいるわけで、一流投手だけを分析してみると、これまでの特徴とは違うものが見えてくるかもしれない。決して、研究者を否定しているわけではなく、「まだ、わからないことが多い」ということだ。

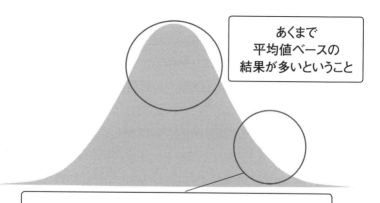

図7-1

研究や論文の対象者は誰なのか?
プロ野球選手とはどの位置に属するのか?

あくまで
平均値ベースの
結果が多いということ

アメリカでは、メジャーリーグを対象とした
障害調査の研究などを中心に増えつつあるが、
日本の場合、プロ野球選手を対象とした研究は
まだまだ少ないのが現状である

「問い」と「答え」から「解き方」を導く

私自身は日常的に、方程式を思い描くようにしている。

現役中であれば、「1年間、体力を落とさずに投げ続けるにはどうしたらいいか?」という問いを設け、それに対する答えとして、「体幹の強化」「オフシーズンのトレーニング」がある。数学の方程式で言えば、

「問い」と「答え」はわかっている状態であるが、解き方が見えていない。解き方を導くために、トレーナーや学者の知恵を借りたり、自分で本を読むなど勉強したりして、方法論を見つけ出していく。

　監督になって習慣化していたのが、自分の考えをノートや手帳に書き出すことだった。今、自分ができていることは何で、足りないことや課題は何か。どんな能力を手にすれば、もっと上のレベルに達することができるか。言葉にして書き出すことで、思考を整理することができた。

　この習慣は今も続いていて、思考に迷いが出たときには、書き出すようにしている。頭の中で悶々と悩んでいては、前に進むことができない。

　これも、私のやり方なので、人それぞれの導き方があって当然構わない。スマホのメモ機能をうまく活用している人もおそらくいるだろう。

　頭の中に、「？」を持っている人間ほど、いくつもの問いが浮かんでくるはずだ。世の中で「当たり前」や「常識」とされていることは、本当に正しいのか。固定観念を捨て、物事の本質を追求していく。その思考回路が身に付いてくれば、おのずと自身のパフォーマンスも上がっていくだろう。

■ 自分の可能性を引き出すために

　私自身の話になるが、30歳を超えてから足が速くなったという経験がある。一般的な考えで言えば、30歳というのは、体の成長のピークも過ぎ、どちらかといえば下降しはじめるころだと思われるかもしれない。しかしそれは、先ほどのようなひとつの固定観念に過ぎないのではないだろうか。

　20代の前半、50メートル走のタイムはどんなに速くても6秒3だったが、30歳を過ぎた頃に計測したタイムは、手動計測ではあったが、5

秒8であった。確実に足は速くなった。

　当時ご縁を頂き、私は筑波大学の白木仁先生のもとでオフシーズンの自主トレをし、第3章や第4章で紹介したようなランジやフライングスプリット、ランニングのドリルを行った。ピッチングにおいて、踏み込むという動作を安定させるために必要な筋肉や使い方を考えたときに、ランジやフライングスプリットなどのトレーニングが当てはまり、少しでも投球に近い動きの中で、意識づけをしてきた。

　ハムストリングやお尻周り、股関節や体幹というのは、投球だけでなく、ランニングにおいても、速く走るために非常に重要な部分である。取り組んできたトレーニングのひとつひとつが、投球とランニングという動作に、上手くマッチしたのではないか。最終的には投球でも下半身が安定し、軸のブレも少なくなることで、コントロールの向上など、パフォーマンスにもつながり、走ることにおいても、足が速くなるという効果が生まれたと思っている。

　「なるほど」と思えたことに本気で取り組み、理解できているからこそ、意識につながって、意識するからこそ、集中力につながった。それが、30歳という年齢を過ぎたとしても、そこからまた自分の能力が向上した理由ではないかと感じている。

　目的があり、手段があって、結果が生まれる。手段と目的をはっきりとさせ、その中で自分の目標にしっかりと向かっていくこと、自分が考えていることや思っていることがすべてではなくて、人に聞き、学び、引き出してもらうことも大切だということを学ばせていただいた。

■ 自分を突き動かす信念

　モチベーションの根底、自分の軸となる部分を指す表現として、「Drive」という言葉が使われることがある。自分自身を駆り立てる力、

行動を引き起こす源など、自分の芯のような表現とも考えられる。

　意味合いは少し変わるかもしれないが、軸であったり、自分自身を突き動かすという意味で、私自身が大切にしている言葉に、"信念"がある。どんな困難があったとしても、自分で掲げた目標をやり通す力、自らを奮い立たせ、心を強く持つためには気持ちの強さが大事だと思っている。

「この世界で生き抜くんだ！」「活躍するんだ！」

　そういった強い気持ちを持って努力をすること、その根底にあるものが"信念"であると私は思う。

　"信念"があるからこそ、困難なことや厳しいことも、やり遂げることができ、ブレずに貫くことができるのだとも思っている。

　向上心や探究心というものも、自分自身で「こうなりたい！」と強く思っているからこそ芽生え、行動や努力につながるのではないか。

　だからこそ、医科学やデータ、デバイスを活用し、より高みを目指していくことが大切だし、その中で自分にあったものを見つけていくことや、新しいものを取り入れる柔軟性も大切だと思っている。そういった経験や根底にあるものを大切にして、自分というものを磨いてほしい。

　"信念"を持ってやり続ける、貫き続けることで、新しい世界や新しい学び、新しい自分にも出会えるのではないだろうか。

　皆さんもぜひ、「プロ野球選手になる！」「1年でも長く野球を続ける！」といった自分自身の夢や目標を叶えられるように、強い自分を心の中に作って、努力を続けてほしい。

おわりに

　いかがでしたでしょうか。

　私が現段階で身に付けてきたこと、学んできたこと、実戦の中で感じて試したことを書かせていただきました。これからさらに上を目指して頑張ろうと思っている皆さんの参考や学びになれば幸いです。

　「千里の道も一歩から」というように、続けることでしか身に付けることも、知識として使えるようにもなりません。ただ、想いが強ければ強いほど、変わりたいと思えば思うほど、身に付ける時間が短くなり、成果を実感していただけるのではないかと思っています。

　「古いと言うなかれ」の如く過去のプロ野球選手は、なぜあのように多く勝ち、たくさん投げることができたのでしょうか。一方、その光の陰で多くの選手たちがケガや故障で辞めていったことも現実です。

　現在を考えてみてください。ケガ人や故障してしまう人、それが原因で野球を辞めていった人の数は果たして減ったでしょうか？

　こういう人たちは残念ながら、方法論を知らなかっただけではないかと私は思います。

　そして多く勝てた人やたくさん投げられた人は"感じる"ことができたのだと思います。もっといい方法はないか？　体にもっと負担のかからない方法はないのか？と、考えに考え、夢に出てくるくらいまで考えた後に創意工夫して辿り着いた結果のオリジナリティーではないでしょうか。

　「考えるな、感じろ」と言った人がいます。"ブルース・リー"の言葉で

す。

　頭で覚えたことが身に付けたことではなく、体が覚えたことが身に付けたことです。
「習得」ではなく「体得」までいったときに、体が思うように動いてパフォーマンスが上がります。今までできなかった自分が、こんなことまでできるようになるものなのか!?と思ってもらいたい。そんな気持ちで、この本を書かせていただきました。

　改めて、この本は18歳以上を対象としています。くれぐれも体の成長が止まり、負荷をかけてもいいことを確認してから始めていただければと思います。
　今回書くことはできませんでしたが、技術やトレーニングだけでなく、食事や睡眠にもぜひ意識を傾けてほしいです。トレーニングや技術練習というのは、食事や休息までがひとつの区切りです。食事をとり、しっかりと寝ることで筋肉もでき、技術の定着にもつながります。
　普段の生活での立ち方や歩き方、呼吸なども気にかけてみてください。そこから、自分の課題やプロとして1年でも長く戦っていくうえでの大切なヒントが隠されているかもしれません。

　私自身もこれからも、学び続け、野球界に恩返しができるように頑張ります。
　この本が、皆さんにとって何か少しでも参考になり、夢が叶う一助となることを願い、終わりにしたいと思います。最後まで読んでいただきありがとうございました。

工藤公康

参考文献

第 1 章
1) Masato Hirano, Shinji Kubota, Shigeo Tanabe, Yoshiki Koizume, Kozo Funas.
Interactions among learning stage, retention, and primary motor cortex excitability in motor skill learning. Brain Stimulation 8 ,1195e1204, 2015

第 2 章
2) 青木 慶、持丸正明、姫野龍太郎.
プロ野球投手の投球フォームの生体力学的エネルギ解析
日本機械学会, シンポジウム講演論文集, No.09 － 45, 2009
（12 － 3～5 福岡市, ジョイント・シンホジウム 2009）

第 3 章
3) Franco M. Impellizzeri, Stephen Woodcock, Alan McCall, Patrick Ward, Aaron J. Coutts
The acute-chronic workload ratio-injury figure and its 'sweet spot' are flawed
British Journal of Sports Medicine .May 2019
4) Shirley A.Sahrmann 著, 竹井 仁 他 翻訳
運動機能障害症候群のマネジメント - 理学療法評価・MSI アプローチ・ADL 指導
医歯薬出版 (2005/4/1)
5) Chris Grant, Jason Pajaczkowski
Conservative management of femoral anterior glide syndrome: a case series
Journal of the Canadian Chiropractic Association.; 62(3): 182–192. Dec ,2018
6) Katie L Kowalski , Denise M Connelly , Jennifer M Jakobi and Jackie Sad
Shoulder electromyography activity during push-up variations: a scoping review
Shoulder & Elbow.; 14(3): 326–340. Jun ,2022

第 4 章
7) 太田千尋, 山本利春.
コンディショニングの測定評価実施例──ラグビーにおける GPS(GlobalPositioningSystem) の活用例──、
JATIEXPRESS,29 : 8-9,2012
8) Kevin A. Murach, James R. Bagley, Charles J. Pfeiffer Jr.
Is Long Duration Aerobic Exercise Necessary for Anaerobic Athletes?
Strength and Conditioning Journal 35(2):44-46. January ,2013.
9) Michael A. Rosenblat. Andrew S.Perrotta. Scott G. Thomas.
Effect of High-Intensity Interval Training Versus Sprint Interval Training on Time-Trial Performance: A Systematic Review and Meta-Analysis
Sports Medicine .50:1145–1161,2020
10) 田畑 泉. 高強度間欠的トレーニング（HIT）の理論的背景
体育の科学 Vol.63 No.9. p683-688.2013
11) 征矢 英明. 高強度インターバルトレーニング（HIT）の生理的効果
体育の科学 Vol.63 No.9. p678-682.2013
12) Jan Helgerud , Kjetill Høydal, Eivind Wang, Trine Karlsen, Pålr Berg, Marius Bjerkaas, Thomas Simonsen, Cecilies Helgesen, Ninal Hjorth, Ragnhild Bach, Jan Hoff.
Aerobic High-Intensity Intervals Improve V˙O2max More Than Moderate Training
Medicine & Science in Sports & Exercise 39(4):p 665-671, April 2007.
13) 谷口祐一、篠原暁子、樋口満.
持久性トレーニング後のテーパリングが持久力とマウス骨格筋ヘキソキナーゼ II、およびミトコンドリアタンパク含量に及ぼす影響
スポーツ科学研究, 14, 29-36, 2017

14) Javair S .Gillett, J.Jay Dawes, Frank J. Spaniol , Matthew R. Rhea , Joe P. Rogowski ,Mitchel A. Magrini, Roberto Simao and Derek J. Bunker.
    A Description and Comparison of Cardiorespiratory Fitness Measures in Relation to Pitching Performance Among Professional Baseball Pitchers.
    Multidisciplinary Digital Publishing Institute (MDPI)Sports , 25;4 (1). Feb, 2016
15) David J. Szymanski: Physiology of Baseball Pitching Dictates Specific Exercise Intensity for Conditioning.
    Strength and Conditioning Journal 31(2):p 41-47, April 2009.
16) Michael V. Hull, Jonathan Neddo, Andrew R. Jagim, Jonathan M. Oliver, Mike Greenwood and Margaret T. Jones.
    Availability of a sports dietitian may lead to improved performance and recovery of NCAA division I baseball athletes.
    Journal of the International Society of Sports Nutrition, 10 .August .2017
17) Olivier Girard, Alberto Mendez-Villanueva, David Bishop.
    Repeated-sprint ability - part I: factors contributing to fatigue.
    Sports Medicine, 1;41(8):673-94. Aug 2011,
18) David Bishop , Olivier Girard, Alberto Mendez-Villanueva.
    Repeated-sprint ability - part II: recommendations for training.
    Sports Med. 1;41(9):741-56. Sep 2011.
19) J Helgerud , L C Engen, U Wisloff, J Hoff.
    Aerobic endurance training improves soccer performance
    Medicine and Science in Sports and Exercise 33(11):p 1925-1931, November 2001.
20) Christine Hanon , Pierre-Marie Lepretre, David Bishop, Claire Thomas.
    Oxygen uptake and blood metabolic responses to a 400-m run.
    European Journal of Applied Physiology, 109：233-240. January 2010.
21) Robert A Robergs , Farzenah Ghiasvand, Daryl Parker.
    Biochemistry of exercise-induced metabolic acidosis
    American Journal of Physiology, 287: R502-R516, Sep, 2004
22) 八田秀雄. 乳酸と運動生理・生化学：エネルギー代謝の仕組み
    市村出版 (2010/2/1)
23) Jacob M Wilson , Pedro J Marin, Matthew R Rhea, Stephanie M C Wilson, Jeremy P Loenneke, Jody C Anderson.
    Concurrent training: a meta-analysis examining interference of aerobic and resistance exercises
    Journal of Strength and Conditioning Research. 26(8):2293-307. Aug, 2012
24) Jacob M Wilson 1, Nevine M Duncan, Pedro J Marin, Lee E Brown, Jeremy P Loenneke, Stephanie M C Wilson, Edward Jo, Ryan P Lowery, Carlos Ugrinowitsch.
    Meta-analysis of postactivation potentiation and power: effects of conditioning activity, volume, gender, rest periods, and training status.
    Journal of Strength and Conditioning Research 27(3):p 854-859, March, 2013.

第5章
25) D C Mac Auley. Ice Therapy: How Good is the Evidence?
    International Journal of Sports Medicine. 22(5):379-84. Jul, 2001

【著者プロフィール】

工藤公康（くどう・きみやす）

1963年愛知県生まれ。1982年名古屋電気高校（現・愛工大名電高校）を卒業後、西武ライオンズに入団。以降、福岡ダイエーホークス、読売ジャイアンツ、横浜ベイスターズなどに在籍し、現役中に14度のリーグ優勝、11度の日本一に輝き優勝請負人と呼ばれる。実働29年プロ野球選手としてマウンドに立ち続け、2011年正式に引退を表明。最優秀選手（MVP）2回、最優秀防御率4回、最高勝率4回など数多くのタイトルに輝き、通算224勝を挙げる。正力松太郎賞を歴代最多に並ぶ5回、2016年には野球殿堂入りを果たす。2015年から福岡ソフトバンクホークスの監督に就任。2021年退任までの7年間に5度の日本シリーズを制覇。2020年監督在任中ながら筑波大学大学院人間総合科学研究科体育学専攻を修了。体育学修士取得。2022年4月より同大学院博士課程に進学、スポーツ医学博士取得に向け研究や検診活動を行っていく。

構　　　成	大利 実
ブックデザイン	山之口正和＋齋藤友貴（OKIKATA）
DTPオペレーション	松浦 竜矢
編集協力	花田 雪
編　　　集	滝川 昂（株式会社カンゼン）

プロフェッショナル投手育成メソッド
一流選手へ導く"投球メカニズムとトレーニング"

発　行　日　2023年3月31日　初版

著　　　者　工藤 公康
発　行　人　坪井 義哉
発　行　所　株式会社カンゼン
　　　　　　〒101-0021
　　　　　　東京都千代田区外神田2-7-1 開花ビル
　　　　　　TEL 03(5295)7723
　　　　　　FAX 03(5295)7725
　　　　　　https://www.kanzen.jp/
　　　　　　郵便為替 00150-7-130339
印刷・製本　株式会社シナノ